Christoph Krachten hat schon für fast alle TV-Sender in Deutschland gearbeitet. Doch seit sich dort die Langeweile in nie gekanntem Ausmaß breit macht, hat er das Bewegtbild im Internet für sich entdeckt. Christoph Krachten gehört als Produzent und Moderator von Clixoom zu den bekanntesten YouTubern Deutschlands. Er rief die VideoDays ins Leben, ist einer der Gründer des ersten deutschen YouTube-Netzwerkes Mediakraft und mit Community Editions verantwortlich für die erfolgreichste Verlagsgründung der letzten Jahre. Heute hat er sich auf Produktion, Management und Beratung im Bereich Online-Video spezialisiert und zeichnet mitverantwortlich für die erfolgreichsten Brand-Channels auf YouTube in Deutschland.
www.unitedcreators.net

Carolin Hengholt beobachtet fasziniert und interessiert, wie sich auf YouTube immer wieder neue und schräge Ideen durchsetzen, die in der Fernsehlandschaft nie eine Chance bekommen hätten. Zusammen mit Christoph Krachten betreibt sie den erfolgreichen YouTube-Kanal »Clixoom – Science & Fiction«. Als Produzentin und Journalistin arbeitet Carolin Hengholt für TV und Industrie und hat sich seit Jahren erfolgreich im Bereich Online-Video auf die Produktion und Beratung von Brand-Channels auf YouTube spezialisiert.
www.momento-media.de

Christoph Krachten · Carolin Hengholt

YouTube

Spaß und Erfolg mit Online-Videos

dpunkt.verlag

Lektorat: Rudolf Krahm
Projektkoordination: Miriam Metsch
Copy-Editing: Petra Heubach-Erdmann
Satz: Ulrich Borstelmann, Dortmund
Herstellung: Susanne Bröckelmann
Umschlaggestaltung: Helmut Kraus, www.exclam.de
Druck und Bindung: M.P. Media-Print Informationstechnologie GmbH, 33100 Paderborn

Bibliografische Information der Deutschen Nationalbibliothek
Die Deutsche Nationalbibliothek verzeichnet diese Publikation in der Deutschen
Nationalbibliografie; detaillierte bibliografische Daten sind im Internet über http://dnb.d-nb.de
abrufbar.

ISBN:
Print   978-3-86490-269-7
PDF   978-3-96088-382-1
ePub   978-3-96088-383-8
mobi   978-3-96088-384-5

3. Auflage 2018
Copyright © 2018 dpunkt.verlag GmbH
Wieblinger Weg 17
69123 Heidelberg

Abbildungsnachweise
Vordere Umschlagseite: Robert Paul Kothe (Melissa), Studio 71 (LiDiRo), Steven Schuto (Marti Fischer),
Sally hates wing (Phil), Younes Al-Amayra (Datteltäter), Seite ii: Thomas Zittlau, Seite 17: iBlali, Seite 23:
Sönke Triphaus, Seite 35: Just toon it, Seite 40: Wikipedia, Galak76, Seite 41, 42 oben, 43–45: Sennheiser,
Seite 42 unten: Jonas V. Buerschaper, Seite 46: BeachTek, Seite 47: Pentax, Seite 49 oben: Samsung,
Seite 49 unten: Sony, Seite 50: GoPro, Seite 51, 52: Canon, Seite 53, 54: JVC, Seite 55: Sony, Seite 57,
59, 61–63 oben: Fabian Podeszwa, Seite 60: Rudolf Krahm, Seite 63 unten: Walimex pro, Seite 66: Kurt
Tauber (www.kameramuseum.de), Seite 67–74: Christoph Krachten, Seite 75: Ulrich Borstelmann, Seite
78: Sergeij Eisenstein, Seite 97: Robert Paul Kothe, Seite 105–106: Christoph Krachten, Seite 123: Y-Titty,
Montage von Christoph Krachten, Seite 141: Sami Slimani, Seite 169: Bojan Novic, Seite 173: Eric Fritz

5 4 3 2 1 0

Vorwort zur 3. Auflage

Während wir die dritte Auflage dieses Buches vorbereiten, hat sich wieder eine Menge auf YouTube geändert. Die Plattform unterliegt einem stetigen Wandel. Clixoom gehört zu den wenigen Kanälen, die es schon seit mehr als sieben Jahren mit stetig steigenden Zahlen auf YouTube gibt. 2017 hat sich Clixoom zum dritten Mal gewandelt, weil sich auch der YouTube-Algorithmus gewandelt hatte. Das ist wahrscheinlich das ganz große Learning der letzten Jahre. Wer nicht mit der Zeit geht, geht mit der Zeit! Ständig muss beobachtet werden, wie sich die Plattformen verändern. Wer hier nicht aufmerksam ist und Konsequenzen zieht, wird seine Zuschauer auf Dauer nicht erreichen. Zum ersten Mal haben wir unseren Kanal Ende 2013 umgestellt. Der Algorithmus war im Vorfeld grundlegend geändert worden. Zuvor waren noch die Interaktionen am wichtigsten. Das heißt, dass der Algorithmus vor allem die Likes und Dislikes zählte. Außerdem bewertete er, wie oft ein Video geteilt wurde und er berücksichtigte die Anzahl der Kommentare. Der neue Algorithmus hatte einen ganz anderen Fokus, was auch richtig war: Viel wichtiger wurde nun die Watchtime, also die Zuschauerbindung. Wie lange werden die Videos eines Kanals addiert geschaut? Talk funktionierte damit gar nicht mehr. Viel zu viele Zuschauer sahen nur die ersten Minuten und verließen dann das Video. Also machten wir Videos mit einer höheren Watchtime. Das heißt: Wir stellten auf Watchtime-optimierte Videos um und siehe da, die Views gingen wieder nach oben. Wir benannten den Kanal in *Clixoom Science & Fiction* um und machten Wissenschaftsvideos.

2016 dann wieder eine Algorithmusänderung. Er wurde jetzt dahingehend optimiert, dass auch die Menge des Contents eine größere Rolle spielte. Ab sofort waren Kanäle besser dran, die täglich publizierten. Mitte Januar 2017 stellten wir auf täglich um und der Kanal explodierte regelrecht. Mit rund 4,5 Millionen monatlich angesehen Minuten haben wir den zweitbesten Wert der Kanalgeschichte, wobei die Watchtime erst seit Mitte 2012 gemessen wird. Clixoom ist damit einer der ältesten noch erfolgreichen Kanäle auf YouTube und die Views steigen weiter von Tag zu Tag. Wir sind gespannt, wie die Zahlen beim Erscheinen des Buches aussehen. Wie viele Views wird also das Video haben, das auf dieses Buch hinweist?

Aber es gab auch negative Entwicklungen auf YouTube: Homophobie, Hassvideos, Trash, schlechte Productplacements, schlechte YouTubersongs. YouTube ist viel breiter in seinem Angebot geworden und spiegelt die gesellschaftliche Vielfalt in all seinen Facetten wider, was manchmal nur schwer zu ertragen ist. Christoph lud erstmalig 2016 einen YouTuber von den VideoDays in Köln wieder aus. Das war ein Riesen-Skandal, aber auch nötig und wichtig!

Trotzdem überwiegt das Positive. *funk*, das digitale Angebot von ARD und ZDF, ist gestartet worden. Ein Angebot, das auf YouTube, Facebook usw. für Qualität steht. Christoph hat hier bei der Entwicklung beraten und betreut inzwischen einige Künstler, die dort Kanäle haben. Zusammen haben wir einen der erfolgreichsten Brand-Channels entwickelt und produzieren auch jetzt in diesem Bereich. YouTube ist damit auch erwachsener geworden und bietet zahlreiche Möglichkeiten, dort auch professionell zu arbeiten und seinen Lebensunterhalt zu verdienen. Damit ist Online-Video zu einer ernsthaften Konkurrenz für das herkömmliche Fernsehen und in der jungen Generation zu einem der Hauptmedien geworden.

Unser YouTube-Buch ist jetzt auch zum Leitfaden für die professionelle Produktion avanciert. Allerdings war es schon immer so aufgebaut, dass es Amateure und Profis mit dem nötigen Wissen versorgt, um auf YouTube durchzustarten. Wir wünschen dabei viel Erfolg!

Ein großes Dankeschön an Marius Stolz für seine sachkundige Überarbeitungshilfe!

Christoph Krachten und Carolin Hengholt, Oktober 2017

Vorwort zur 2. Auflage

Zwei Jahre sind seit der ersten Auflage vergangen und YouTube hat sich unglaublich verändert. Waren 2011 einige Millionen Views schon rekordverdächtig, so sind es 2013 mehrere 10 Millionen Views. Y-Titty bringt sein erstes Album heraus. Der Let's Player Gronkh ist zu einem der erfolgreichsten Kanäle geworden und auf YouTube gibt es jetzt Netzwerke, das heißt, YouTuber haben sich zusammengetan, um sich zu unterstützen und so noch mehr Menschen zu erreichen. Inzwischen arbeitet Christoph für das größte deutsche Netzwerk Mediakraft, das jetzt, im Herbst 2013, schon 200 Millionen Views im Monat erreicht. Und das ist keine auf Deutschland beschränkte Entwicklung. YouTube professionalisiert sich und aus der Community entwickeln sich Kanäle, die mit ihren meist jungen Machern unglaublich erfolgreiche Videos machen. Die Lochis zum Beispiel sind Zwillinge aus Hessen, die mit ihren erst 14 Jahren schon 10 Millionen Views im Monat erreichen. Und dabei sind sie professioneller als so manche Fernsehproduktion.

Sogar ein YouTuber-Treffen gibt es jedes Jahr, das alle Rekorde bricht: Tausende YouTuber kommen dann in der Kölner Lanxess-Arena zusammen und feiern mit dem Videoday das größte YouTuber-Treffen Europas.

Es hat ein Medienwandel stattgefunden. Immer häufiger sehen junge Menschen kein Fernsehen mehr, sondern gucken Online-TV. So können sie das, was sie wollen, dann sehen, wann sie es wollen. Auf Twitter ist mal ein Tweet aufgetaucht, in dem ein Vater seine Tochter zitiert: »Fernsehen ist wie YouTube; nur kaputt!« Damit sind die Nachteile des Fernsehens auf den Punkt gebracht: Die Suche ist oft ohne Ergebnis. Egal ob TV-Zeitschrift oder EPG, irgendwie funktioniert die YouTube-Suche besser. Oder das, was man sehen will, kommt dann, wenn man es nicht sehen kann. Social Media sind stark eingeschränkt. Eigentlich kann man nur mit dem kommunizieren, der mit vor der Kiste sitzt. Egal ob Twitter oder Facebook, wer will denn schon bei einem guten Film weggucken. Im Web drückt man auf Pause, wenn man einen Kommentar schreiben will. Und natürlich der größte Nachteil: Ich muss zu einer bestimmten Uhrzeit davor sitzen. Und ein Festplattenrekorder ist auch nur eine Krücke, um diesen Nachteil des Fernsehers mehr schlecht als recht auszugleichen. Wer lässt sich denn heute noch den Alltag von einer Kiste diktieren?

Deshalb hat YouTube in den letzten Jahren eine unglaubliche Erfolgsgeschichte geschrieben. Eine ganze Generation guckt YouTube und vor allem: Sie macht YouTube! Plötzlich haben Millionen Menschen die Möglichkeit, selbst zu produzieren, und sie tun es. So entstehen Videos, die es so noch nie gegeben hat: The Pixel Kingdom mit seinen kreativen Game-Trickfilmen, Trending Robin, der seinen Frust in die Welt hinausschreit, oder Digges Ding, die den Hobbit rappen lassen. Und diese Generation ist auch noch politisch aktiv: Dass Acta 2012 abgelehnt wurde, haben die deutschen YouTuber maßgeblich mit bewirkt, indem sie zu den Protesten aufgerufen haben und so nicht Tausende, sondern Zehntausende auf die Straße gingen. Die Medien werden so demokratisiert. Sie tragen zur Meinungsbildung bei und jeder kann dabei mitwirken. Es ist eine rundum positive Entwicklung, die noch viel mehr Menschen gebrauchen kann, die mitmachen. Und dabei geht es gar nicht mal um politisches Engagement, sondern darum, dass jeder hier die Möglichkeit hat, sich selbst zu verwirklichen. Da ist niemand mehr, der in einem Casting sagt: Du ja, du nicht! Jeder kann mitmachen und die unerschöpflichen Möglichkeiten nutzen, neue kreative Inhalte zu schaffen.

Dieses Buch soll all diejenigen unterstützen, die dieses Ziel vor Augen haben. Wer es gelesen hat, wird deutlich schneller Erfolg haben. Er muss sich nicht mehr alle Informationen zusammenklauben, sondern findet in diesem Buch alles, was wirklich wichtig ist, um auf YouTube durchzustarten. Wir drücken die Daumen!

Vielen Dank an Sebastian Kluge für sein aufmerksames Auge beim Korrekturlesen dieser Ausgabe.

Christoph Krachten und Carolin Hengholt, Oktober 2013

Vorwort zur 1. Auflage

Dieses Buch ist eine Gebrauchsanleitung für YouTube. Damit du schnell mit diesem Buch zurechtkommst (und für alle, die gerne Gebrauchsanleitungen lesen), gibt es dieses Vorwort, das wiederum eine Gebrauchsanleitung für das Buch ist! Falls du aber ungeduldig sein solltest, kannst du auch direkt ins Abenteuer YouTube eintauchen und diese Seiten überblättern.

Das vielleicht Beste an unserem YouTube-Buch ist: Du kannst schon nach zehn Minuten auf YouTube loslegen. Alle Basiskenntnisse sind im Kapitel »In 10 Minuten zum YouTuber« zusammengefasst. Beginne einfach mit diesem Kapitel und du kannst ohne Umwege starten. Wenn du dann aber ins Detail gehen möchtest und »Profi«-YouTuber werden willst, bietet dir dieses Buch dazu zahlreiche Möglichkeiten.

Natürlich kannst du es von vorne bis hinten der Reihe nach durchlesen. Du kannst dir aber auch nur die Interviews und Geschichten der erfolgreichen YouTuber herauspicken. Sie sind locker über das Buch verteilt. Du kannst sie lesen, wann immer du willst. Sie sind nicht an irgendwelche Reihenfolgen gebunden. Auch unsere Videotipps kannst du ganz nach Belieben befolgen oder überblättern. Wir haben sie genauso über das ganze Buch verstreut.

Immer wieder gibt es Links zu Videos oder speziellen Seiten auf YouTube, die wir zusätzlich mit einem QR-Code versehen haben. Das heißt, mit der entsprechenden Software auf dem Handy oder dem Computer und der Handycam bzw. Webcam kommst du mit diesem Code direkt zum entsprechenden Link. Oft reicht es übrigens auch aus, den Titel eines Videos in das YouTube-Suchfeld einzugeben, und es wird mit hoher Wahrscheinlichkeit ganz oben in den Suchergebnissen auftauchen. Es wäre sowieso nicht schlecht, wenn dein Computer in greifbarer Nähe steht. Dann kannst du nämlich alles direkt auf YouTube nachsehen und ausprobieren, was wir dir vorschlagen.

QR-Code

Zweidimensionaler Code, der mit Hilfe einer Kamera aufgenommen und von einer Lesesoftware erfasst und entschlüsselt wird. So kann man z. B. direkt auf eine Webseite gelangen, ohne umständlich die URL abtippen zu müssen. Besonders für Handys gibt es dafür ein umfangreiches Softwareangebot. Hin und wieder gibt es grün unterlegte Info-Kästen wie diesen. In denen findest du interessante Zusatzinformationen. Die grünen Kästen sind jeweils eigenständige kleine Erklärungen zu Fachbegriffen und speziellen Themen.

Am Ende findest du noch ein Glossar, in dem die wichtigsten »Fremdwörter« erklärt werden.

Den Index ganz am Schluss kannst du zur Suche benutzen, wenn du wissen willst, was wir zu bestimmten Begriffen geschrieben haben und wo diese Stellen jeweils im Buch zu finden sind.

Wir danken Mara Krachten als erster kritischer Leserin, Y-Titty für ihre tatkräftige Unterstützung im Kapitel »Der richtige Dreh« und allen anderen YouTubern, die uns ihr Knowhow, ihre Bilder und ihre Videos zur Verfügung gestellt haben!

Christoph Krachten und Carolin Hengholt, Juli 2011

Inhalt

1 Einleitung

Achtung! Dieses Buch handelt von einem Videoportal, das ständig verändert wird. Daher können in diesem Buch Dinge stehen, die mittlerweile nicht mehr ganz richtig oder aber komplett falsch sind. Aber tröste dich: Selbst die Mitarbeiter von YouTube kennen nicht jede Ecke des Portals und wissen nicht über jede Veränderung Bescheid. Außerdem handelt es sich dabei meistens nur um Details (die in der nächsten Auflage dieses Buches angepasst werden), sodass es dich kaum stören wird. Sollte die Realität mal komplett von diesem Buch abweichen, dann schreibe uns eine Mail (Mail-Adresse findest du im Buch). Wir werden deine Informationen in der nächsten Ausgabe berücksichtigen. Vielen Dank also schon mal für deine Mitarbeit und viel Spaß beim Lesen!

In diesem Buch steht alles, was du wissen musst, um auf YouTube Spaß und Erfolg zu haben. Allerdings mussten wir die ein oder andere Information sehr knapp halten. Durch diese Verkürzungen wird mancher aus seiner Sicht wichtige Informationen vermissen. Das kann durchaus sein. Wenn wir wirklich alles hätten erschöpfend beschreiben wollen, wäre dieses Buch sicher doppelt so dick und außerdem nie fertig geworden. Willst du also z. B. zum Thema Dramaturgie mehr wissen, solltest du dir einfach ein paar Bücher zu dem Thema besorgen. Dort wirst du deutlich mehr erfahren, was dir auch noch mal eine ganz andere Sichtweise eröffnen wird. Wer mit dieser Beschränkung leben kann, wird in unserem Buch einen umfassenden Leitfaden für YouTube finden.

Wir haben all unsere Erfahrungen in das Buch einfließen lassen und beschreiben deshalb alles aus unserer subjektiven Perspektive. Vielleicht hat der ein oder andere unterschiedliche Erfahrungen gemacht – und deshalb möchten wir deutlich machen, dass YouTube hier geschildert wird, wie wir es kennengelernt haben. Neben der Darstellung der YouTube-Grundlagen erhältst du eine Einführung, mit der du bereits nach 10 Minuten mit YouTube loslegen kannst. Im Anschluss erklären wir die Grundlagen der Videoproduktion. Wir lassen nahezu nichts aus, schneiden aber manche Themen nur an. Dann geht es ans Eingemachte, was YouTube betrifft. Wir beschreiben zahlreiche Details und haben einige Tricks und unbekannte Seiten auf Lager, die dir beim Erfolg auf YouTube super helfen können.

Sogar ums Thema »Hacken« kümmern wir uns. Allerdings warnen wir vor jedem Versuch, da dieses Vorgehen auch sehr schnell das Ende auf YouTube bedeuten kann! Wir erklären, wie du Geld auf YouTube verdienen kannst, indem du Partner wirst, und beschreiben einige anstehende Neuerungen, die natürlich bei Veröffentlichung dieses Buches schon Standard sein können.

Auf jeden Fall sind wir überzeugt, dass dieses Buch viele wichtige Tipps, Tricks und Infos liefert und dir auf YouTube deutlich weiterhilft. Viel Erfolg!

Unser Videotipp

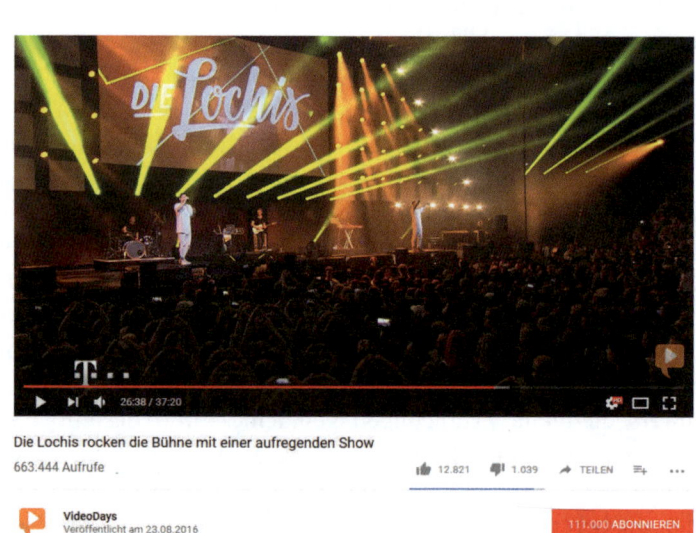

Die Lochis rocken die Bühne mit einer aufregenden Show
663.444 Aufrufe   12.821   1.039   TEILEN

VideoDays
Veröffentlicht am 23.08.2016   111.000 ABONNIEREN

2 Alles, was du für den Erfolg auf YouTube brauchst

Als wir 2006 das erste Interview für *Clixoom – Die Online-Talkshow* drehten, hatten wir keine Ahnung, welches Abenteuer wir mit diesem Projekt erleben würden. Eins ist allerdings inzwischen klar: Wenn wir das vorher gewusst hätten … dann hätten wir es genauso wieder gemacht! Denn wir waren uns immer sicher, während wir unendlich viel Arbeit, Leidenschaft und Schweiß in unsere damals noch kleine Talkshow steckten: Mit dem, was wir machen und wie wir es machen, sind wir auf dem richtigen Weg! Die Authentizität, die prominenten Gäste und die verschiedenen Rubriken – all das machte *Clixoom – Die Online-Talkshow* damals zu den Top-Inhalten, die Nutzer im Web suchen. Sie bot damit alles, was ein erfolgreicher YouTube-Kanal braucht. Inzwischen haben wir unser Format allerdings geändert: Mit *Clixoom Science & Fiction* haben wir die Ausrichtung des Kanals um 180 Grad gedreht. Statt Promitalks machen wir jetzt aktuelle Videos über das Neueste aus der Wissenschaft. Hätten wir wie die »alten Medien« reagiert, hätten wir vielleicht einen Kanal mit Prominews gemacht. Aber das hat uns überhaupt nicht interessiert. Wichtig ist bei Online-Video die Leidenschaft. Und die hatte Christoph als Journalist viel mehr für wissenschaftliche Themen. Das hat so gut funktioniert, dass der Kanal seit der Umstellung noch heute immer weiter wächst..

Welche Erfolgsfaktoren dafür wichtig sind und wie du am besten selbst auf YouTube aktiv wirst, erklärt dir dieses Buch Schritt für Schritt. Mit einem der relevanten Kanäle auf YouTube wissen wir nicht nur, wie YouTube funktioniert, sondern als erfahrene TV-Produzenten haben wir zusätzlich auch noch Ahnung davon, was du bei Dreh und Schnitt beachten musst. Wenn du dieses Buch gelesen hast, weißt du jede Menge über das größte Videoportal weltweit. Du kannst von unseren Erfahrungen auf YouTube in Deutschland profitieren und hast es in der Hand, dort auch selbst erfolgreich zu werden! Wir drücken dir auf jeden Fall die Daumen!

2.1   Fast erfolgreich gescheitert

Ein Jahr vor unserem Start auf YouTube hatten wir unsere eigene Webseite Clixoom.de online gestellt. Dort waren wir mit Interviews, zum Beispiel mit Jürgen Drews und DJ Bobo, sogar relativ erfolgreich. Allerdings ging unsere Webseite im Internet unter. Jedes Interview war wie ein Strohfeuer und die Zugriffszahlen gingen danach schnell wieder zurück. Nach einem Jahr wollten wir das Ganze hinschmeißen. Es schien uns aussichtslos, dass unser Talkshow-Projekt jemals dauerhaft erfolgreich sein würde. Bevor wir allerdings wirklich das Handtuch warfen, wollten wir noch die wirklich allerletzte Möglichkeit ausprobieren: YouTube.

»Iiih-Baah«, dachten wir bis dahin über YouTube! Der Ruf einer Trash-Plattform mit Fröschen im Mixer und kleinen Kindern, die irgendwo gegenlaufen, eilte YouTube voraus. Außerdem hatten auch viele Kollegen Vorbehalte gegenüber dem größten Videoportal: »Auf YouTube geht ihr sowieso unter!«, wurde uns prophezeit. Doch dann kam uns zu Ohren, dass YouTube damals hochwertige Partnerkanäle einrichten wollte, um damit die Qualität zu steigern und Werbekunden zu gewinnen. Wir klemmten uns gleich dahinter und meldeten einen Partnerkanal an. Wie das geht, erfährst du in diesem Buch.

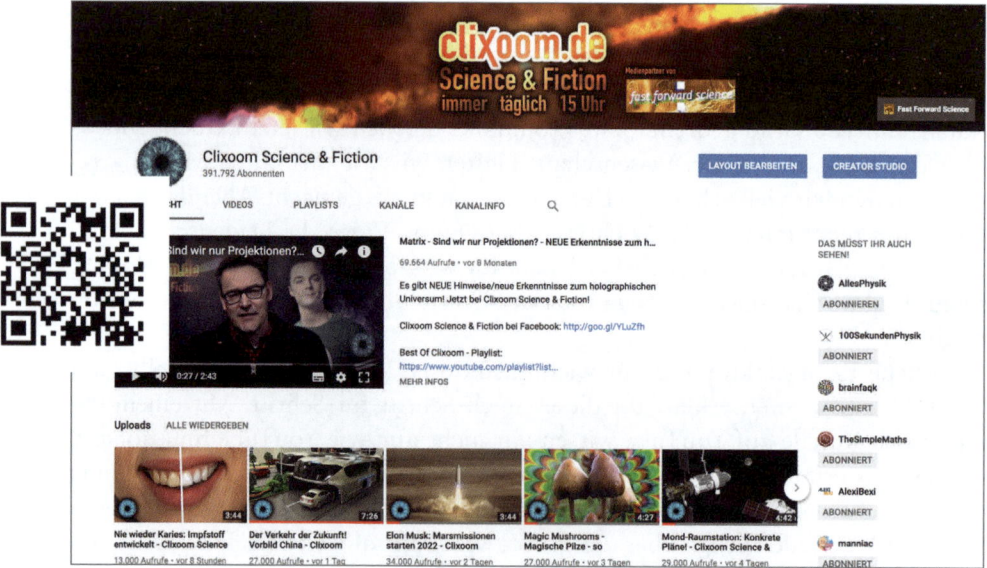

Der Clixoom-Kanal auf YouTube – www.youtube.com/clixoom

2.2 Der erfolgreichste Start eines Partnerkanals

Am 25. September 2009 stellten wir ein Interview mit Bushido zum Thema »World of Warcraft« (kurz »WoW«) online. Was dann geschah, hat uns komplett aus den Socken gehauen! Innerhalb von 24 Stunden hatte das Video 100.000 Aufrufe! Buffed.de, eine Webseite, die sich speziell an WoW-Gamer wendet, hatte das Video auf der Startseite verlinkt und uns damit einen absolut traumhaften Start beschert! Wie wir später erfuhren, war noch nie ein Partnerkanal so stark gestartet. Selbst die Leute von YouTube waren absolut baff. So etwas hatten sie noch nie erlebt! Die Sprache verschlug es ihnen dann endgültig, als sie feststellten, dass selbst eine fast 40 Minuten lange Version des Interviews mit Bushido in kurzer Zeit mehr als 50.000-mal (inzwischen sogar über 620.000-mal) gesehen wurde. Von da an waren wir davon überzeugt: *Clixoom – Die Online-Talkshow* wird ab jetzt durchstarten! Und wir wurden nicht enttäuscht. Der Erfolg des Bushido-Interviews war nur der Anfang. Inzwischen haben wir auf YouTube Abrufzahlen, die so manches Internetportal alt aussehen lassen! Auch mit unserem Format *Clixoom Science & Fiction* sind wir extrem zufrieden. Wir haben den Kanal inzwischen dem YouTube-Algorithmus angepasst und er liegt wieder im Millionenbereich der monatlichen Views.

Unser Videotipp

Christoph Krachten: Ich höre zu! - Interview

42.950 Aufrufe

👍 875 👎 365 ↪ TEILEN ≡₊ ···

Clixoom ✓
Veröffentlicht am 01.08.2011

386.000 ABONNIEREN

Unser Videotipp

9 kRasse ZAHNPASTA Lifehacks!

1.505.617 Aufrufe

👍 67.579   👎 4.886   ➤ TEILEN   ≡+   •••

Emrah ! ✓
Veröffentlicht am 18.05.2017

2,2 MIO. ABONNIEREN

3 YouTube – das unbekannte Wesen

3.1 Was ist YouTube?

3.1.1 Das Videoportal

»Zappelbilder«, also Videos, wurden bisher von professionellen Fernsehsendern über die Antenne oder per Kabel und Satellit auf den heimischen Fernseher gesendet. Doch nach vielen Jahren der Entwicklung (schnellere Datenübertragung, preiswerte Kameras und Schnittsysteme) wird das Bewegtbild im Internet erwachsen. Und damit ändert sich alles! Jetzt muss man kein Fernsehsender mehr sein, denn Webcam, Computer und Internetzugang reichen aus. Jeder kann Videos machen und sie auf ein Videoportal hochladen. Mit Abstand federführend ist dabei YouTube. Es ist der Standard für Bewegtbilder im Internet. Im Netz liegt der Marktanteil schon bei mehr als 50 % der Videoaufrufe. Alle anderen Portale teilen sich den Rest untereinander auf, sodass für jeden anderen nur ein kleiner Anteil übrig bleibt. Das hat Folgen: Während YouTube als Google-Tochter eigene riesige Serverfarmen unterhält, müssen sich die anderen Server bei kommerziellen Anbietern einkaufen – eine teure Angelegenheit. So hat die Konkurrenz kaum eine Chance, jemals Gewinne zu erwirtschaften. Im Gegenteil: Ist auf diesen Portalen endlich mal ein Preroll-Spot (ein Werbespot, der vor einem Video läuft) gebucht, läuft er vor fast jedem Video rauf und runter und nervt oder vertreibt die verbliebenen Nutzer. Und wenn diese Werbung dann auch noch schlecht gemacht ist, was leider oft passiert, laufen die User in Scharen davon. Ein weiterer Nachteil: Je mehr Videoabrufe ein Portal hat, desto höher sind die Serverkosten. Da beißt sich die Katze in den Schwanz. Sind nämlich dann nicht genug Werbekunden da, laufen die Kosten schnell aus dem Ruder.

Natürlich braucht auch YouTube Gewinne durch Werbeeinnahmen. Und mittlerweile erkennt die Werbeindustrie das Potenzial von YouTube. YouTube hat zudem massiv an der Verbesserung seines Angebotes gearbeitet. Lange galt die Plattform als Quelle von User Generated Content mit zweifelhafter Qualität, also

Videos von Nutzern, in denen irgendwelcher Mist wie Kinder, die vom Stuhl fallen, oder Ähnliches zu sehen ist. Zur Verbesserung der Qualität wurde ein einfaches Instrument entwickelt: YouTube misst die Sehdauer. Umso länger also ein Video und die in der Folge betrachteten Videos gesehen werden, umso besser wird das Video bewertet und taucht öfter in den Empfehlungen der Plattform auf. Tatsächlich zeigt sich, dass qualitativ bessere Videos so leichter auf YouTube zu finden sind. Trotzdem musste YouTube feststellen, dass das alleine nicht reicht. Nach Beschwerden zahlreicher Werbekunden wurden 2017 die Werberichtlinien deutlich verschärft. Vor und im Umfeld von Videos, die z. B. rassistisch sind, Minderheiten beleidigen oder auch viele Schimpfwörter enthalten, wird keine Werbung mehr gezeigt. Passt also beim Titel von Videos auf. Wenn YouTube unter dem Titel nicht werbegeeignete Inhalte vermutet, wird die Werbung deaktiviert. Vor unserem Video *Neue Gefahr? Umherstreunende Schwarze Löcher* läuft zum Beispiel kein Preroll mehr. Ob es an der Gefahr liegt? Oder wenn z. B. 9/11 in den Tags enthalten ist, wird keine Werbung geschaltet., weil ein Video über den Anschlag auf das World Trade Center vermutet wird. Davor soll natürlich keine Werbung laufen. Der Inhalt ist zu negativ.

TOP YOUTUBER CHANNELS FROM GERMANY

Sort by SB Score		Sort by Most Subscribed	Sort by Most Viewed	
RANK	SB SCORE	USER	·SUBSCRIBERS·	VIDEO VIEWS
1	3,275	B+ freekickerz	5,541,205	1,412,905,722
2	1,896	A- Gronkh	4,611,675	2,278,170,495
3	1,024	A- BibisBeautyPalace	4,477,311	1,462,364,369
4	8,082	B+ Kurzgesagt – In a Nutshell	4,263,490	249,916,978
5	823	A Kontor.TV	4,229,689	3,939,254,783
6	1,574	A- Julien Bam	3,922,745	620,078,216
7	4,891	B+ ApeCrime	3,525,962	838,734,003
8	3,446	B+ Dagi Bee	3,497,750	719,179,875
9	2,883	B+ Simon Desue	3,265,776	446,098,957
10	18,770	B YTITTY	3,164,635	781,919,602
11	9,737	B+ LeFloid	3,104,633	563,949,092
12	2,617	B+ Julienco	3,085,413	572,992,816
13	6,363	B+ Felix von der Laden	3,065,558	1,074,391,399
14	1,283	A- The Voice Kids	2,723,026	1,569,006,700
15	4,598	B+ iBlali	2,615,166	488,861,556
16	1,322	A- ConCrafter	LUCA	2,574,972	850,475,305
17	53,093	B DieAussenseiter	2,482,335	505,223,595
18	4,359	B+ DieLochis	2,390,643	791,765,159
19	1,342	A- GermanLetsPlay	2,373,383	1,043,103,093
20	2,015	B+ Made My Day	2,304,966	916,746,342
21	1,109	A- Paluten	2,200,369	1,045,489,450
22	25,814	B Emrah !	2,156,037	247,681,635
23	1,806	A- PietSmiet	2,150,645	1,827,264,931
24	2,957	B+ Freshtorge	2,135,874	540,162,563
25	19,071	B Shirin David	2,117,094	152,903,680

Die meistabonnierten und meistgesehenen Kanäle sind bei SocialBlade.com zu finden.

Wenn bessere Inhalte gefördert werden, motiviert das auf jeden Fall die Produzenten und hat schon innovative und verblüffende Kanäle hervorgebracht. Wir sind sehr auf die kommende Entwicklung gespannt. Vielleicht startet ihr ja einen neuen spektakulären Kanal. Gute Inhalte setzen sich wirklich über kurz oder lang durch. Man muss nur dranbleiben.

Riesiges Angebot für Zuschauer

Der hohe Marktanteil macht YouTube zum Selbstläufer: Wer möchte, dass sein Video von möglichst vielen Nutzern gesehen wird (und wer will das nicht?), der stellt es auf YouTube online. Wer als Zuschauer eine möglichst große und vielfältige Auswahl haben möchte, sieht sich bei YouTube um. Auch YouTube Deutschland hat bereits ein riesiges Angebot und selbst alte Fernsehschätzchen sind dort leicht zu finden. Und werden diese einmal wegen einer Urheberrechtsbeschwerde gelöscht, lädt der nächste Nutzer den Ausschnitt schnell wieder hoch. Zudem stört diese Praxis zumindest die öffentlich-rechtlichen Sender wie ARD und ZDF offensichtlich nicht, da ihre Beiträge im Netz so weiterverbreitet werden. Das ist diesen Sendern selbst wegen des bestehenden Rundfunkstaatsvertrags nämlich nicht ohne Weiteres dauerhaft möglich. Die öffentlich-rechtlichen Sender haben inzwischen auch versucht, auf YouTube Fuß zu fassen. Im Oktober 2016 ist nach jahrelanger Planung nun das »Junge Angebot von ARD und ZDF« mit dem Namen *funk* gestartet. Mit über 40 Formaten möchten die Öffentlich-Rechtlichen so die 14- bis 29-Jährigen erreichen. Dabei sind ganz tolle und innovative Formate, die alleine durch Werbeeinnahmen so nie realisiert worden wären. Dadurch haben deutlich mehr qualitativ hochwertige Inhalte die Möglichkeit, ihr Publikum zu erreichen.

Riesige Möglichkeiten

Aber auch das werbefinanzierte YouTube bietet klassischen TV-Produzenten eine riesige Spielwiese. Allerdings haben viele Produzenten, die im Internet Morgenluft wittern, auf YouTube so gut wie keine Chance: Sie denken meist zu aufwendig, haben selten passende Ideen und wollen, dass sich ihr Projekt sofort rechnet. Dagegen breiten sich bei YouTube kleine kreative Miniteams und sogar Einzelkämpfer mit Wucht aus und erfinden das Fernsehen neu. Wer hätte sich vorstellen können, dass ein Teenager, der sich in seinem Kinderzimmer vor die Webcam setzt und Tipps gegen Pickel gibt, mit einem Video Hunderttausende Abrufe erzielt? Es ist spannend zu beobachten, was dort alles entwickelt wird! Das fängt bei sogenannten »YouTube-Gurus« an, die Pflege- und sonstige Alltagstipps zum Besten geben, und reicht bis zum aufwendigen Comedy-Kanal, auf dem Clips zu sehen sind, die ganz neue Variationen von witziger Unterhaltung zeigen.

Dabei erzielen diese Kanäle »Quoten«, die so mancher TV-Redaktion Tränen in die Augen treiben. Schon jetzt gibt es Formate auf YouTube, die öfter gesehen werden als so manche erfolgreiche Fernsehsendung. Y-Titty hatte schon vor Jahren eine höhere »Einschaltquote« als die *heute-show*. Während die *heute-show* rund 12 Millionen Mal im Monat angesehen wird, schafften die Y-Tittys monatlich bis zu 30 Millionen Video-Views.

Inzwischen gibt es sehr viele YouTuber, die dem klassischen Fernsehen starke Konkurrenz machen, und sie erzielen noch höhere Reichweiten, also Views pro Monate.

3.1.2 Suchmaschine

YouTube ist nicht nur das größte Videoportal, sondern inzwischen auch die zweitgrößte Suchmaschine der Welt. Jeder, der ein Video oder Videos zu bestimmten Themen sucht, hat bei YouTube die besten Chancen.

Das YouTube-Suchfeld

Um Themen leicht zu finden, müssen zu dem Video die richtigen Schlagwörter bzw. Tags vergeben sein, aber dazu später mehr. YouTube ist damit das absolut führende Bewegtbildarchiv und ermöglicht es jedem Zuschauer, zu stöbern und zu finden. YouTube ist anders als herkömmliche »Sender«. Hier wird nichts einmalig »versendet«, sondern mit jedem neuen Video wird auch das YouTube-Archiv erweitert. Jede Minute werden übrigens 300 Stunden Video auf das Portal geladen!

3.1.3 Community

Daneben ist YouTube auch noch eine riesige Video-Community: Hier ist die Zuschauerredaktion direkt mit eingebaut. Denn von dem Moment an, wenn ein Video online gestellt ist, kann es bewertet und kommentiert werden. So entstehen schnell Diskussionen mit dem Macher des Videos und der Community untereinander, die das Portal interaktiver als jeden Fernsehsender machen.

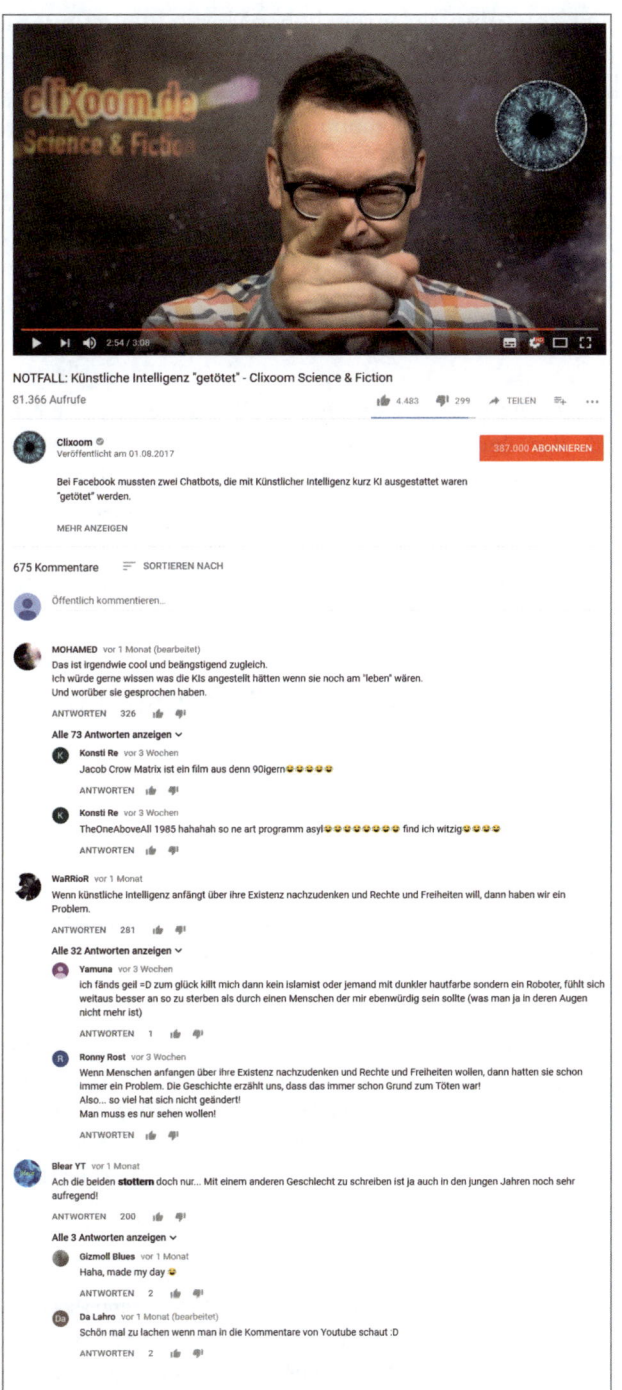

Video mit Kommentaren

Auch hier kommt YouTube wieder sein hoher Marktanteil zugute, denn damit gibt es so viele Nutzer, dass sehr schnell ein Schlagabtausch entsteht und die Argumente hin und her fliegen. Einziger Wermutstropfen: Da sich zahlreiche Nutzer anonym anmelden, ist die Qualität der Kommentare zuweilen sehr niedrig. Es wird ordentlich gepöbelt!

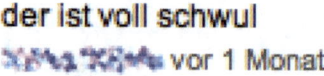

Beleidigender Kommentar

Aber auch das regt wieder die Diskussion an. Wo der eine pöbelt, findet sich auch schnell jemand, der vernünftig argumentiert. Wer dagegen auf die anderen Videoportale schaut, traut oft seinen Augen nicht: Während es bei YouTube bei populären Videos Hunderte und Tausende Diskussionsbeiträge gibt, sind diese bei der Konkurrenz eher spärlich. Wenn aber nur zwei oder drei Kommentare unter einem Videostehen, ist das keine Diskussion und niemand schreibt den dritten bzw. vierten Kommentar.

3.2 Was gibt´s auf YouTube? Der Fremdenführer

Die Grundbegriffe

Abonnieren

Kanäle können abonniert werden. Sobald dann ein Video hochgeladen wird, erscheint es im Modul Abonnements auf der eigenen Startseite. Zudem kann man sich auch per Mail über neue Videos in seinen abonnierten Kanälen informieren lassen. Auf deinem Smartphone kannst du dich auch über neue Videos per Push-Nachricht informieren lassen. Für welche deiner abonnierten Kanäle das passieren soll, kannst du selbst festlegen. Aktiviert man neben dem Abonnier-Button das Symbol einer Glocke, bekommt man als User eine Nachricht auf das Handy, sobald der Kanal ein neues Video hochgeladen hat. Für Creator ist das besonders wichtig, da sie nur durch die Glocke wirklich sichergehen können, dass ihre Videos die Community erreichen. Deshalb sollte man die Zuschauer nicht nur zum Abonnieren auffordern, sondern immer dazu auch die Glocke anklicken.

Playlists

Jeder kann sich so viele Playlists anlegen, wie er möchte. In diesen Playlists kann er eigene oder fremde Videos platzieren. Diese Playlists haben dann eine eigene URL, also eine eigene Webadresse, sodass sie auch außerhalb von YouTube verlinkt werden können. Wer darauf klickt, landet dann auf einer Übersichtsseite mit allen Videos der Playlist.

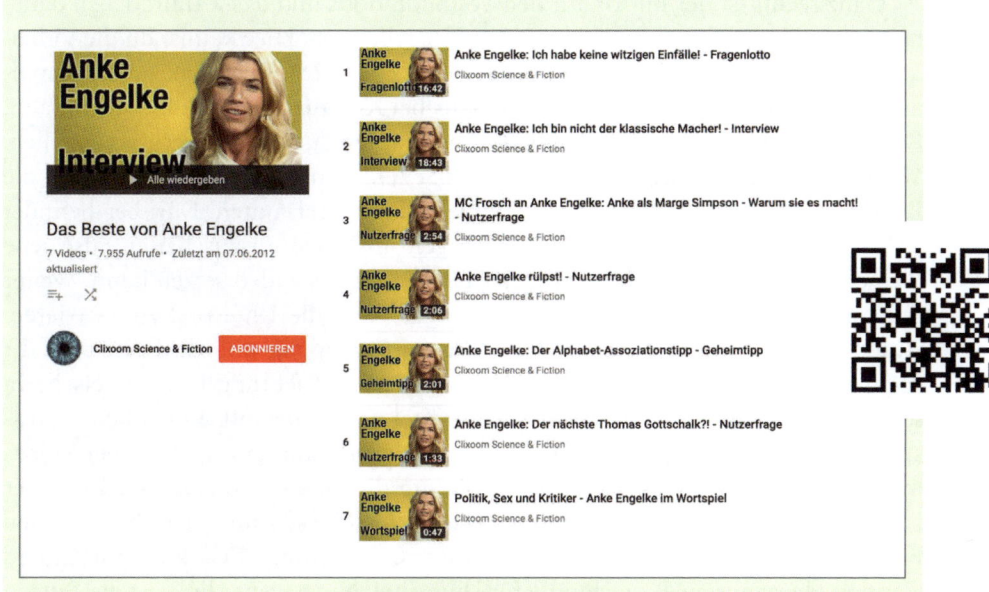

Playlist von Anke Engelke bei Clixoom

Favorisieren

Jeder angemeldete Nutzer hat noch eine spezielle Favoritenliste. Fügt er dieser Liste ein Video hinzu, wird das an alle Abonnenten weitergegeben. Sie sehen es auf ihrer persönlichen Startseite unter dem Menüpunkt »Meine Abos« und dort unter dem Reiter »Alle Aktivitäten«.

3.2.1   Der YouTube-Videoplayer

Das Wichtigste auf YouTube ist natürlich der Videoplayer, also das Fenster, in dem die Videos abgespielt werden. Er bietet dir alle Bedienelemente und einige Funktionen, die das Anschauen der Videos erleichtern. Auf der Videoseite im Browser bietet er mehr Funktionen als auf der Kanalseite der YouTube-Kanäle.

Unter dem Videoplayer links befindet sich der (selbsterklärende) Play-Button und rechts daneben der Lautsprecher-Button. Wenn du darauf klickst, schaltest du das Video stumm. Wenn du den Mauszeiger über den Lautsprecher bewegst, erscheint ein Lautstärkeregler, mit dem du den Ton lauter oder leiser stellen kannst. Auf deinem Smartphone sind diese Funktionen auf das Betriebssystem des Handys und auf die YouTube-App verteilt, wenn du YouTube in der App schaust. Die Lautstärke änderst du mit den Lautstärkereglern des Gerätes und Play und Pause kannst du in der App auswählen.

Ganz rechts ist der Button für den Vollbildmodus und das Zahnrädchen daneben öffnet ein Pop-up-Menü für weitere Einstellungen. Hier kannst du die Video-
qualität von der minimalen Auflösung 144p (144 × 256 Pixel) bis zur Maximal-
auflösung des Videos wählen, die durchaus bei Kinoqualität von 4K liegen kann.
Das sind bis zu 4096 × 3072 Pixel! Darüber kannst du die Playergröße einstellen.
Wenn du willst, wird der Player nahezu auf Seitenbreite ausgedehnt (Expand) – die
Elemente rechts neben dem Video wandern dann nach unten. Darüber befindet
sich noch ein Button, um die Anmerkungen im Video auszuschalten, also jene
kleinen Fenster, die der Videomacher nachträglich ins Video setzen kann. Weiter
links neben dem Rädchen gibt es die Möglichkeit, die Untertitel zu aktivieren.
Automatische Untertitel stehen dabei oft zur Verfügung und du kannst sie dir
sogar übersetzen lassen. Das geht aber meistens in Richtung Kauderwelsch, da
schon die automatischen deutschen Untertitel wegen der oft undeutlichen Aus-
sprache nicht unbedingt den Wortlaut treffen. Und dann gibt es noch bei Videos
mit Untertiteln einen gesonderten Button, um diese aus- und einzuschalten oder
zu wechseln bzw. sie mit einer anderen Schrift, Größe oder mit oder ohne dunklen
Hintergrund anzeigen zu lassen. Das ist der CC-Button. »CC« steht für Closed
Caption, die englische Bezeichnung für Untertitel. Noch weiter links ist der Button
für eine spezielle Playlist, in der du Videos abspeichern kannst, die du später sehen
möchtest. Er sieht aus wie eine kleine Uhr.

Außerdem ist es möglich, die Abspielgeschwindigkeit des Videos zu verändern.
Du kannst es dir in normaler Geschwindigkeit, halber oder sogar nur mit dem
Viertel der ursprünglichen Geschwindigkeit ansehen. Genauso ist es möglich, das
Tempo um die Hälfte oder das Doppelte zu erhöhen.

Video abspielen — Abgespielte Zeit/ Gesamtzeit — Anmerkungen deaktivieren — Vollbildmodus

Lautstärkeregler — Bildgrößen

Nächstes Video — Auflösung ändern — Weitere Einstellungen

Untertitel aktivieren

YouTube-Videoplayer

Zusätzlich kannst du auch mit den Zahlentasten im Video hin und her springen. Vorher musst du einmal ins Video oder auf die Timeline klicken. Mit der 0 kommst du an den Anfang, die 1 ist bei 10 %, die 2 bei 20 % usw. Außerdem kannst du mit den entsprechenden Pfeiltasten nach rechts und links jeweils ein paar Sekunden nach vorne und nach hinten springen.

Hast du aber eine Kanalseite angewählt, sind die Playerfunktionen eingeschränkt. So kannst du den Player nicht mehr auf Seitenbreite ausdehnen und auch der »Später ansehen«-Button fehlt.

In der YouTube-App gibt es nahezu all diese Funktionen auch. Dabei gibt es nur zwei Wiedergabegrößen: Im Hochformatmodus werden unter dem Video zahlreiche Infos, empfohlene Videos und die Kommentare gezeigt und im Querformat ist das Video bildschirmfüllend zu sehen. Die Einstellungen können oben rechts geändert werden.

3.2.2 Die Videoseite – dein Fernseher

Immer wenn du auf YouTube ein Video suchst oder über einen externen Link zu einem Video gelangst, wird es dir auf der Videoseite angezeigt. Neben dem Player, der hier alle Funktionen bietet, siehst du auch sofort die letzten Kommentare zum Video und wie es bewertet wurde. Du kannst dir Informationen über die weltweite

Verbreitung anzeigen lassen, also wo es wie oft von wem angesehen wurde. Diese Funktionen können von demjenigen, der das Video online gestellt hat, auch blockiert werden, aber meistens sind sie freigeschaltet. Links unter dem Video ist ein Logo des Kanals zu sehen, von dem das Video stammt, und dessen Name steht dort. Mit einem Klick darauf gelangst du zu diesem Kanal. Daneben steht die Anzahl der Abonnenten, die dieser Kanal hat. Dort ist noch ein Button zu finden, mit dem der Kanal direkt abonniert werden kann. Ganz rechts auf der Videoseite zeigt YouTube Videos an, die dich interessieren könnten, wenn du das Video anschaust.

Die Videoseite

3.2.3   Die Kanalseite als Fernbedienung

Die eigene Kanalseite ist so etwas wie die Fernbedienung von YouTube. Meldest du dich an, kannst du einen Kanal erstellen. Dann hast du die Möglichkeit, deine Lieblingsvideos in Playlists einzusortieren und sie nach eigenen Kriterien zu ordnen. Zusätzlich funktioniert diese Seite ein bisschen wie bei Facebook: Besucher können Kommentare hinterlassen und du kannst Kanäle abonnieren und empfehlen. Dazu musst du diese Seite allerdings veröffentlichen.

Vielleicht hast du später einmal Lust, ein Video hochzuladen, wenn du etwas Besonderes vor die Linse bekommen hast – und schon bist du ein richtiger YouTuber. Der Schritt vom Konsumenten zum Produzenten ist bei YouTube also nur ein sehr kleiner. Auch die eigenen Abonnements und Freunde werden auf der

Kanalseite angezeigt, und wer möchte, kann hier ein paar Informationen über sich selbst hinterlassen. Damit sich dein Kanal von den anderen Kanälen deutlich sichtbar unterscheidet, kannst du zudem ein eigenes Kanalbild hochladen.

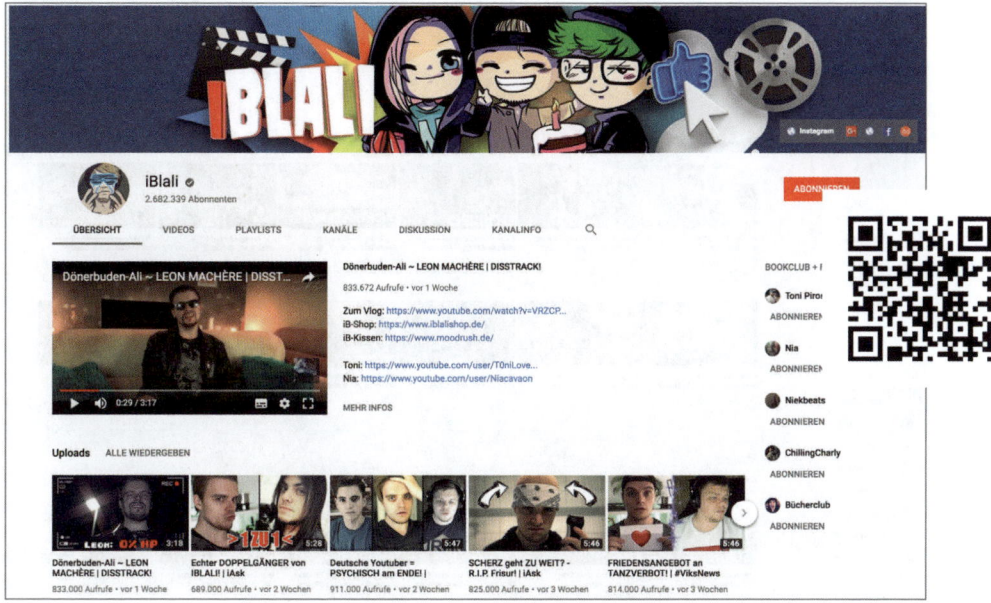

Kanalseite von iBlali - www.youtube.com/iblali

3.2.4   Die Startseite als Programmzeitschrift

Wenn du dich bei YouTube anmeldest (wie das funktioniert, beschreiben wir weiter unten), hast du eine persönliche Startseite. Verglichen mit dem Fernsehen ist die Startseite wie eine persönliche Programmzeitschrift. Hier findest du Programmempfehlungen für Videos, die YouTube aufgrund deiner bisher gesehenen Videos macht oder die von deinen abonnierten Kanälen hochgeladen werden, und weitere Aktivitäten. YouTube verfolgt genau, welche Videos du wie lange ansiehst, und zeigt dir auf dieser Grundlage Videos aus deinen Abos, YouTube-Empfehlungen und Likes, die deine abonnierten Kanäle vergeben haben. Allerdings sind die YouTube-Programmierer sehr aktiv, sodass sich dort immer wieder etwas ändert. Erst Ende 2016 haben sie dort wieder einiges umgestellt, sodass die YouTube-Empfehlungen viel mehr Gewicht bekommen haben und die Abos in den Hintergrund getreten sind. Zusätzlich kannst du hier die YouTube-Trends der letzten 48 Stunden sehen.

Zusätzliche Punkte erscheinen übrigens, wenn du nicht angemeldet bist. Dann werden die beliebtesten Videos der letzten 48 Stunden sortiert nach Rubriken angezeigt. Wenn du vorher die Cookies in deinem Browser löschst, siehst du die beliebtesten Videos auf YouTube, ohne dass dein eigenes Sehverhalten bei den ausgewählten Videos berücksichtigt wird.

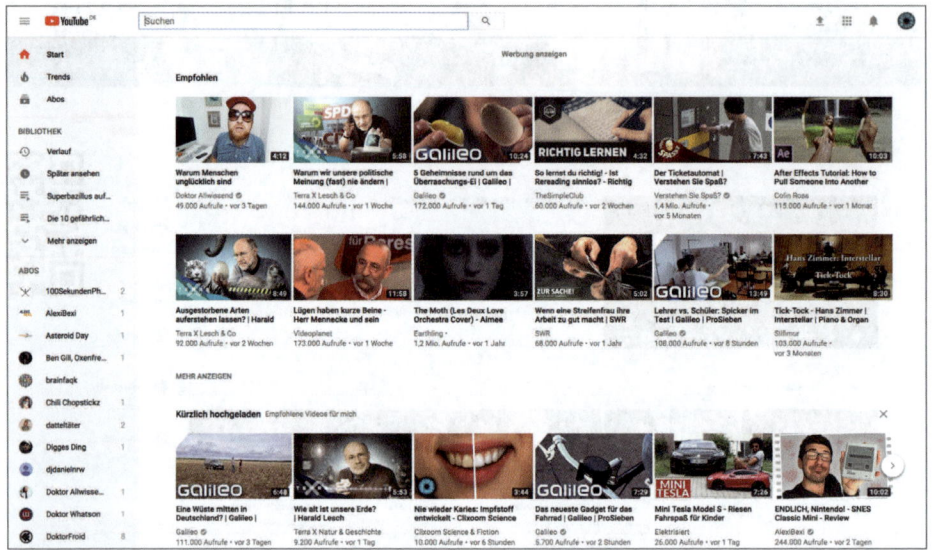

Die YouTube-Startseite

Beliebteste Videos – die Trends

In diesem Modul, links auf der Startseite, siehst du die am häufigsten angeschauten Videos der letzten 48 Stunden. Es erscheint aber nur, wenn du nicht angemeldet bist. Es gibt verschiedene Rubriken bzw. Kategorien, wie Nachrichten und Musik, Sport, Gaming und vieles andere. Wer ein Video online stellt, kann selbst entscheiden, in welche Rubrik sein Video passt, und es dann dort einordnen. So tauchen hier durchaus auch mal Videos auf, die überhaupt nicht in die jeweilige Rubrik gehören.

Klickst du hier auf den Kategorienamen, gelangst du zu einer Übersicht mit allen aktuellen Topvideos der jeweiligen Kategorie. Die Rubrik *Trends* kannst du übrigens abonnieren, wie auch andere von YouTube automatisch erstellte Kanäle. Da gibt es zum Beispiel Sport, Spiele oder auch Unterhaltung.

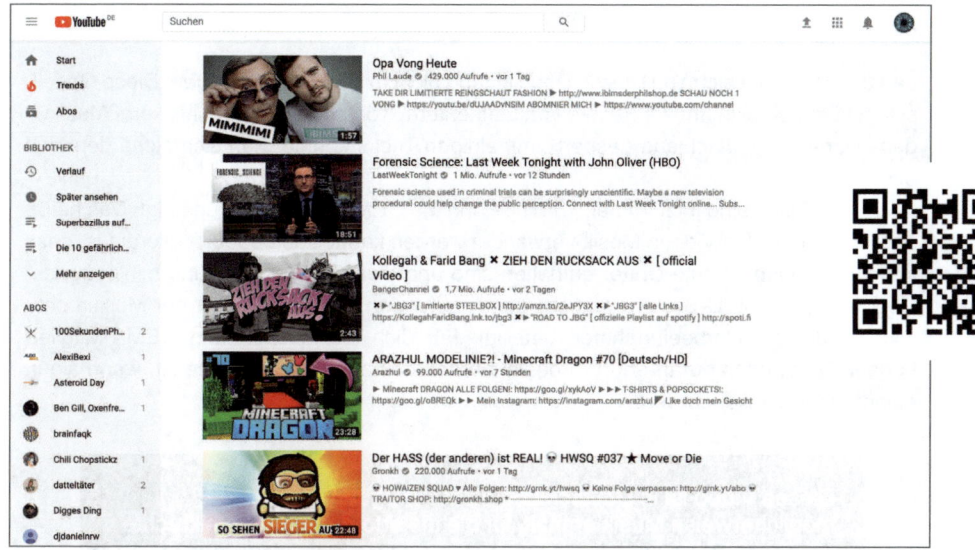

Beliebteste Videos in den »Trends«

Die YouTube-Algorithmen

Wie bei Google verbergen sich auch hinter YouTube geheime Suchalgorithmen. Das sind kleine Programme, die im Hintergrund von YouTube laufen. Sie werten alle Aktivitäten auf YouTube aus und errechnen darauf basierend Suchergebnisse, Bestenlisten usw.

Selbst die Mitarbeiter behaupten, diese Algorithmen nicht zu kennen, und tun so, als wären sie Staatsgeheimnisse. Tatsächlich ist es so, dass die Positionierung von Videos in den zahlreichen Bestenlisten und auf den Suchergebnisseiten von solchen Algorithmen bestimmt wird. Zudem hat YouTube wie Google ein Interesse daran, dass diese Algorithmen geheim bleiben, damit sie niemand missbrauchen kann. Hast du aber dieses Buch gelesen und ein bisschen Erfahrung auf YouTube gesammelt, bekommst du langsam ein Gefühl dafür, wann welche Videos wo auftauchen. Das hat mit Suchwörtern, Popularität, den Aufrufen in einem bestimmten Zeitraum und vielem mehr zu tun. Aber nichts Genaues weiß man nicht und die Algorithmen können sich natürlich auch von einem auf den anderen Tag ändern. Umso aufmerksamer du also YouTube beobachtest, desto besser kannst du diese Algorithmen einschätzen.

Wir erklären im Kapitel »Erfolgreich werden mit YouTube« noch ausführlicher, wie ihr die Algorithmen für den Erfolg eurer Videos nutzen könnt.

GEMA

Lange Zeit konnte sich YouTube in Deutschland nicht mit der GEMA einigen. Diese Gesellschaft kümmert sich um die Rechte von Liedtextern, Komponisten und Musikern. Musikvideos waren in Deutschland gesperrt, mit einigen Tricks konnte man sich diese dennoch ansehen.

Diese Zeiten sind jetzt vorbei. YouTube und die GEMA haben sich geeinigt. Das heißt, dass im Regelfall in Videos Musik verwendet werden kann. Das bedeutet allerdings, dass in deinem Video Rechte Dritter enthalten sind und diese an der Werbung mitverdienen. Über das Content-ID-System wird die Musik gefunden und der Inhaber der Musikrechte wird an deinen Werbeeinnahmen beteiligt. Für dich als Musiker und GEMA-Mitglied bedeutet das, dass du an den Werbeeinnahmen deiner Musik mitverdienst, wenn sie in einem Video verwendet wird.

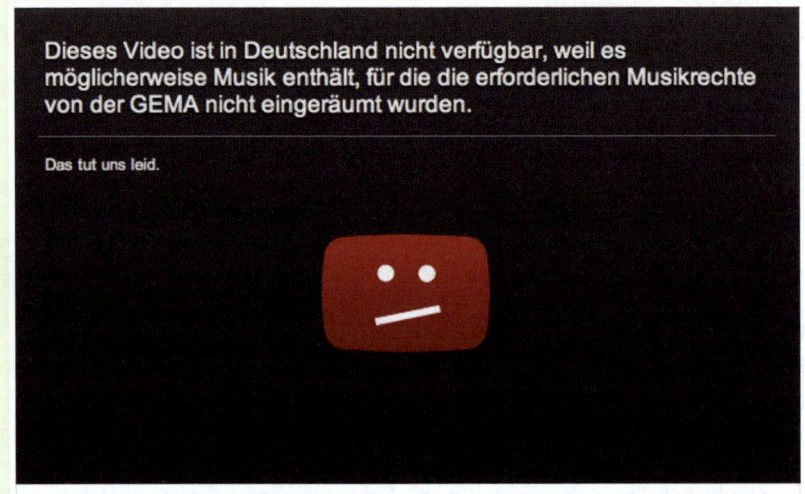

So sah es vor der Einigung zwischen der GEMA und YouTube aus:
in Deutschland gesperrtes Musikvideo

3.2.5   Die Community-Funktionen

Was bei YouTube oft unterschätzt wird: Das Videoportal ist eine sehr aktive Community! Du kannst die Videos in den Kommentaren diskutieren. In der Kanaldiskussion kannst du Gästevorschläge hinterlassen und diskutieren. Auch per Mail bekommen wir zahlreiche Anregungen, Kritik und Vorschläge. Wir haben so schon viele tolle Ideen und Anregungen von den Nutzern bekommen. Willst du also als YouTuber mit eigenen Videos Erfolg haben, solltest du für den Kontakt mit deinen Zuschauern ordentlich Zeit einplanen. Über die Studio-App von YouTube geht das übrigens ganz fantastisch. Dort werden dir immer die aktuellsten Kommentare unter allen deinen Videos angezeigt und du kannst von unterwegs darauf antworten. Allerdings sind hier nicht alle Features wie im Browser aktiv. Die App hinkt da immer ein bisschen hinterher.

3.2.6 Die Rubriken

Die Videos und die Kanäle sind bei YouTube in verschiedene Rubriken einsortiert. In welcher Rubrik sie erscheinen, entscheidet der Kanalbetreiber selbst. Wenn du ein Video hochlädst, musst du also überlegen, ob es eine *Nachricht* ist, ob es in die Rubrik *Sport* gehört oder ob es sich zum Beispiel um ein Video aus der Kategorie *Bildung* handelt. Natürlich kannst du ein Sportereignis unter *Wissenschaft & Technik* einsortieren, aber dein Video wird dadurch sicher nicht besser gefunden. Auch deinen Kanal kannst du in eine solche Rubrik einordnen. Wichtig ist dabei: Du solltest nie versuchen, den Algorithmus zu »hacken«. Solche Versuche fallen immer wieder auf dich zurück. Die YouTube-Algorithmen sind dafür geschrieben, dass die Produzenten alles korrekt machen. Wenn du es nicht tust, gehst du das Risiko ein, dass deine Videos ganz aus den Empfehlungen und Suchergebnissen herausfallen.

Im Großen und Ganzen entsprechen diese Rubriken den Genres, die es auch im Fernsehen gibt. Allerdings haben sie sich im Laufe der Zeit etwas anders strukturiert und neue Rubriken, die es bisher für Bewegtbild so nicht gab, sind hinzugekommen. So ist unter den Kanälen zum Beispiel die Rubrik *Praktische Tipps & Styling* zu finden. Früher hieß die Rubrik *Gurus*. Was so ein Guru macht, ist im Kasten *Sami Slimani* auf Seite XX beschrieben. Aber es gibt noch andere, nicht ganz TV-typische Rubriken. So findet man zum Beispiel *Soziales Engagement* oder z. B. die Rubrik *Leute & Blogs*.

3.2.7 Suchen

Videos bei YouTube haben ein Tag-Feld. Hier sollst du als Produzent treffende Suchbegriffe für dein Video eingeben. Es ist umstritten, welche Auswirkungen die Tags genau haben. Sicher scheint, dass sie die Werbeschaltungen beeinflussen und so passendere Werbung gezeigt wird, was wiederum deine Werbeeinnahmen steigert. Allerdings spielen Titel und erster Satz in der Videobeschreibung auf jeden Fall eine größere Rolle.

In der YouTube-Suchfunktion werden diese Tags (zumindest in geringem Maße), die Titel der Videos, der erste Satz in der Videobeschreibung, Playlists und Kanalnamen durchsucht. Wer genauer suchen will, erhält weitere Optionen auf der Seite der Suchergebnisse. Unter *Filter* können die Suchergebnisse gefiltert werden, sodass nur Kanäle, Playlists oder Videos angezeigt werden oder zum Beispiel auch nur Videos, die kürzer als vier Minuten sind. Außerdem kannst du die Ergebnisse sortieren. *Hochladedatum* oder *Anzahl der Aufrufe* sind hier unter anderem die Kriterien.

HOCHLADEDATUM	TYP	DAUER	EIGENSCHAFTEN	SORTIEREN NACH
Letzte Stunde	Video	Kurz (< 4 Minuten)	4K	**Relevanz**
Heute	Kanal	Lang (> 20 Minuten)	HD	Uploaddatum
Diese Woche	Playlist		Untertitel/CC	Aufrufzahl
Dieser Monat	Film		Creative Commons	Bewertung
Dieses Jahr	Sendung		3D	
			Live	
			Gekauft	
			360°	

Etwa 1.430.000 Ergebnisse   ≡ FILTER

Filter für Suchoptionen

Eine weitere Möglichkeit, Videos zu finden, ist die Anzeige von Videos mit ähnlichem Inhalt am Ende eines Videos bzw. in einer Spalte rechts neben dem jeweiligen Video. Allerdings verbirgt sich hinter dieser Funktion wieder ein mysteriöser YouTube-Algorithmus, der nicht öffentlich ist, sodass man hier – noch mehr als bei der Suchfunktion – auf die »Intelligenz« von YouTube angewiesen ist.

Unser Videotipp

Adele - Hello - Auf Deutsch!
1.501.889 Aufrufe

👍 45.054 👎 2.216 ↗ TEILEN ≡₊ ...

AlexiBexi ✓
Veröffentlicht am 29.11.2015

1,1 MIO. ABONNIEREN

Die großen deutschen YouTube-Kanäle

Coldmirror

Coldmirror

Kathrin Fricke oder Kaddi, wie sie auch genannt wird, ist einfach ein Phänomen und gleichzeitig typisch für YouTube. Denn sie ist einmalig, und wie bei vielen erfolgreichen YouTubern steckt auch hinter ihr eine ganz spezielle Geschichte. Im Clixoom-Interview erzählt sie, was sie dazu bewegt hat, auf ihre eigene Art und Weise auf YouTube aktiv zu werden. Hintergrund war das schlechte Verhältnis ihrer Eltern zueinander und der Druck, den vor allem ihr Vater auf sie ausgeübt hat.

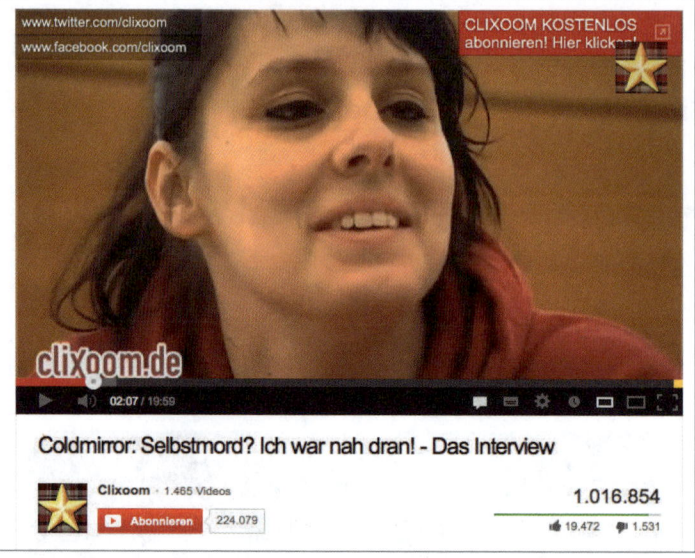

Coldmirror-Interview bei Clixoom

Ihr Vater verlangte von ihr, einen soliden Beruf zu erlernen, mit dem sie Geld verdienen könne. Aber Kaddi war kreativ und wollte etwas Künstlerisches machen. Das fand ihr Vater gar nicht gut und setzte sie ständig unter Druck. Zu viel für Kaddi. Sie versuchte, dem Druck zu widerstehen, und flüchtete sich in schwarze Klamotten und die Gothic-Szene, was das Verhältnis zu ihrem Vater noch weiter verschlechterte. Kaddi war todunglücklich und sah sich in einer ausweglosen Situation – eigentlich gab es nur den Selbstmord als Ausweg. Erst durch die Scheidung ihrer Eltern und die anschließende Loslösung vom Vater wurde ihr klar, dass sie durch alle diese negativen Erfahrungen ihre Freiheit gewonnen hatte. Kaddi änderte ihre Einstellung zum Leben komplett und beschloss glücklich zu sein und vor allem so zu leben, dass sie glücklich sein kann. Und sie studiert nun, was sie möchte: Kunstwissenschaft und Philosophie.

Wenn man das alles weiß, versteht man ihre Videos viel besser. Kaddi ist es ziemlich egal, was die Leute über sie denken. Sie macht, was sie will, ohne auf die Meinung der Leute Rücksicht zu nehmen. Deshalb ist sie etwas ganz Besonderes auf YouTube, ja überhaupt in der deutschen Medienlandschaft. Sie ist so die wahrscheinlich authentischste YouTuberin, was ihr eine riesige Popularität eingebracht hat. Bekannt wurde Coldmirror durch ihre Harry-Potter-Synchros, also die Neusynchronisationen der Harry-Potter-Spielfilme mit Dialogen in Jugendsprache, die die Fantasy-Filme respektlos durch den Kakao zogen. Die neu synchronisierten Teile stellte sie auf YouTube und es kam, was kommen musste: eine Menge Ärger! Denn aufgrund der Urheberrechtsverletzung wurde ihr Kanal vorübergehend gesperrt. Natürlich hat sie weiter Synchros gemacht, die sie aber nicht mehr selbst hochlädt, sondern ihre Fans verbotenerweise auf YouTube stellen, bis die Videos entdeckt und gesperrt werden. Typisch Kaddi! Sie bleibt aber nicht stehen und hat weitere Formate entwickelt, wie z. B. die Misheard Lyrics, bei denen sie fremdsprachige Musikstücke »übersetzt«. Da heißt dann der Refrain eines kaum verständlichen Heavy-Metal-Songs »Du backst den Kakao!« und aus einem türkischen Liedtext wird die »Armut-Träne« mit einem »Pussy-Hai« und einer »Popo-Ritze«. Dazu zeichnet sie dann lustige Animationen mit Strichmännchen, die das Ganze noch weiter ins Absurde ziehen. Der Lachflash ist garantiert!

Durch YouTube hat sie inzwischen einen Job gefunden. Sie arbeitet für den Jugend-Radio-Sender YouFM und macht dort (als eingefleischte Zockerin) Spieletests, die es dann auch als Videos im Netz zu sehen gibt. Außerdem hat sie eine eigene Fernsehsendung auf Einsfestival bekommen, in der sie Sketche, die sie auch schon auf YouTube gemacht hat, mit professionellen Mitteln drehen kann. Dabei ist Kaddi sie selbst geblieben und hat sich ihre Authentizität bewahrt.

Es gibt sogar ein eigenes Coldmirror-Wiki mit allen interessanten Infos über Kaddi.

QR-Code zum Coldmirror-Wiki

Unser Videotipp

Phantastische Tierwesen

410.776 Aufrufe

 24.928   204   TEILEN

coldmirror
Veröffentlicht am 08.12.2016

 896.000 ABONNIEREN

4 In 10 Minuten zum YouTuber

4.1 Anmelden bei YouTube

Das Anmelden bei YouTube ist so ähnlich wie in jedem anderen sozialen Netzwerk. Allerdings meldest du dich damit gleichzeitig auch bei allen anderen Google-Diensten wie Google+ oder Google-Mail (Gmail) an. Wenn du bereits über ein Google-Konto verfügst, zum Beispiel weil du eine Google-Mail-Adresse hast, kannst du über dieses Google-Konto einfach einen YouTube-Account anmelden. Achtung: Google hat bei Google+ eine sehr strenge Klarnamenregelung. So sieht Google hier die Eingabe deines wirklichen Namens vor. Falls du nicht deinen kompletten Namen angeben möchtest, ist es erlaubt, dass du deinen Vor- oder Nachnamen nach dem ersten Buchstaben mit einem Punkt abkürzt.

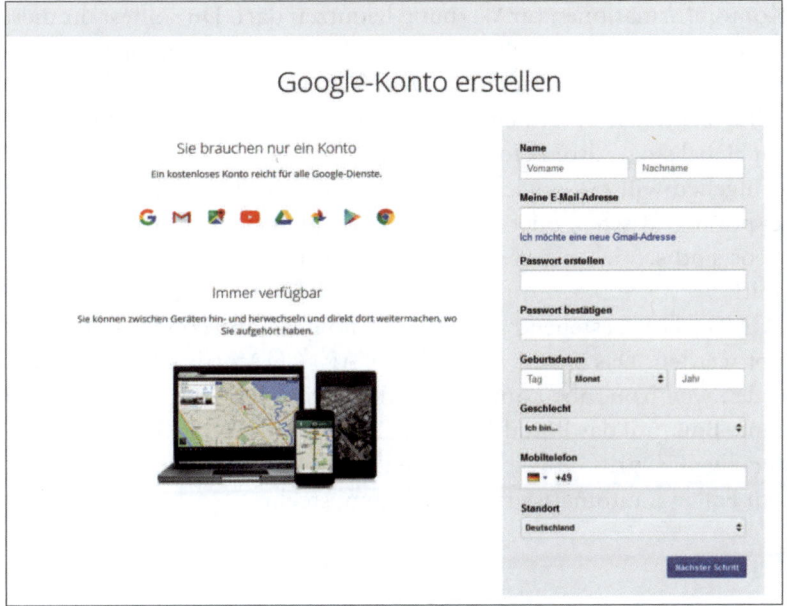

Anmelden bei YouTube bzw. Google

Google+ und YouTube

Es hat einige Vorteile, Google+ in Verbindung mit YouTube zu nutzen. So kannst du bei-spielsweise über eine verbundene Google+-Seite deinen bereits bestehenden YouTube-Kanal umbenennen, ohne dir einen neuen Kanal mit dem gewünschten Namen erstellen zu müssen. Außerdem gibt es dir die Möglichkeit, anderen Google+-Nutzern Administra-tionsrechte für deine mit dem YouTube-Kanal verbundene Google+-Seite freizuschalten. Das erlaubt ihnen, sich auch ohne die Weitergabe deines Passworts in deinem Kanal an-melden zu können. Ebenfalls ist das Erstellen eines Zweitkanals so kein Problem mehr, da es möglich ist, über Google+ bis hin zu 50 Kanäle zu verwalten, und es muss nicht extra dafür ein weiteres Google-Konto angelegt werden muss.

Beim Google-Nutzernamen, aus dem auch deine Gmail-Adresse erstellt wird, darfst du dagegen deiner Fantasie freien Lauf lassen. Der eingegebene Google-Nutzername wird sofort auf Verfügbarkeit geprüft. Falls er schon verwendet wird, macht Google dir basierend auf dem gewünschten Namen Vorschläge für einen anderen Nutzernamen. Viele wählen hierfür nicht ihren richtigen Namen, sondern eine mehr oder weniger fantasievolle Eigenkreation. Diese darf aber nur aus Buch-staben oder Zahlen bestehen. Denke dabei daran, dass du diese Mail-Adresse später vielleicht auch für offizielle Mails nutzen möchtest. Daher ist »schlampe69« kein optimaler Name. Zusätzlich werden noch Land, Geburtsdatum, Geschlecht, eine Mobiltelefonnummer und eine schon vorhandene E-Mail-Adresse von dir abgefragt und du musst die Nutzungsbedingungen von Google sowie die Daten-schutzbestimmungen akzeptieren. Dann kannst du noch abwählen, dass Google deine Kontoinformationen für Werbung benutzen darf. Du solltest dir diese Texte durchlesen und abspeichern, damit du weißt, welche Bedingungen gültig waren, als du deinen Account angelegt hast. Das ist zwar mühsam, gibt dir aber im Falle eines Falles Sicherheit. Allerdings solltest du dir bewusst sein, dass du letztlich am kürzeren Hebel sitzt. Also: Befolge die Regeln auf Google/YouTube, wenn du kein Risiko eingehen willst. Google/YouTube ist ein amerikanischer Konzern und ge-rade bei pornografischen oder in jeglicher Art unanständigen Videos sehr streng. Die Videos sind schneller gesperrt, als du gucken kannst – und dein Kanal dann gleich mit!

Ein CAPTCHA, bestehend aus verbeulten Buchstaben und Zahlen, muss noch abgetippt werden. Das war's! Auf solche CAPTCHAS triffst du übrigens immer mal wieder, weil YouTube damit verhindern will, dass automatisierte Software, sogenannte Bots, auf das Portal zugreift. CAPTCHAs sind Programme, die prüfen, ob hinter einem Zugriff im Web oder einer E-Mail ein Mensch oder eine Maschine, in diesem Fall ein automatisiertes Programm, steckt.

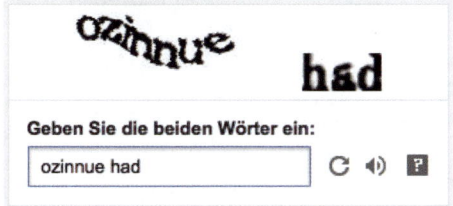

Im nächsten Schritt kannst du schon ein Profilbild hochladen, was aber auch später jederzeit möglich ist.

Jetzt wird dir noch gratuliert, dass du alle Google-Produkte verwenden kannst, und du klickst endlich dahin, wo du von Anfang an hinwolltest: »Zurück zu YouTube«!

Jetzt kannst du einen YouTube-Kanal anlegen.

4.2 Kanal einrichten

4.2.1 Einstellungen: Namen, Kanaltyp, Kategorie usw.

An allen möglichen Ecken und Enden wirst du danach gefragt bzw. dazu aufgefordert, einen YouTube-Kanal einzurichten, wenn du auf YouTube unterwegs bist. Hast du dich dazu entschieden, musst du als Erstes deinem Kanal einen Namen geben. Hier bist du im Gegensatz zu deinem Nutzernamen ganz frei und kannst dir einen knackigen Titel einfallen lassen. WICHTIG: Der Name deines Kanals sollte schon erkennen lassen, worum es bei dir geht! Willst du auf deinem Kanal zum Beispiel neue Sportarten vorstellen, sollte er nicht »Axel in Aktion« heißen. Darunter kann sich niemand etwas vorstellen. Besser wäre da »Cool New Sports« oder so ähnlich. Bei englischen Wörtern solltest du darauf achten, dass diese auch bekannt sind. Mach's nicht zu kompliziert. Die deutschsprachigen YouTuber behaupten zwar alle, perfekt Englisch zu können, aber tatsächlich ist das eher selten der Fall. Diesen Kanalnamen kannst du später auch wieder ändern. Aber du willst ja, dass dein Kanal bekannt wird. Ändere also nur in Notfällen.

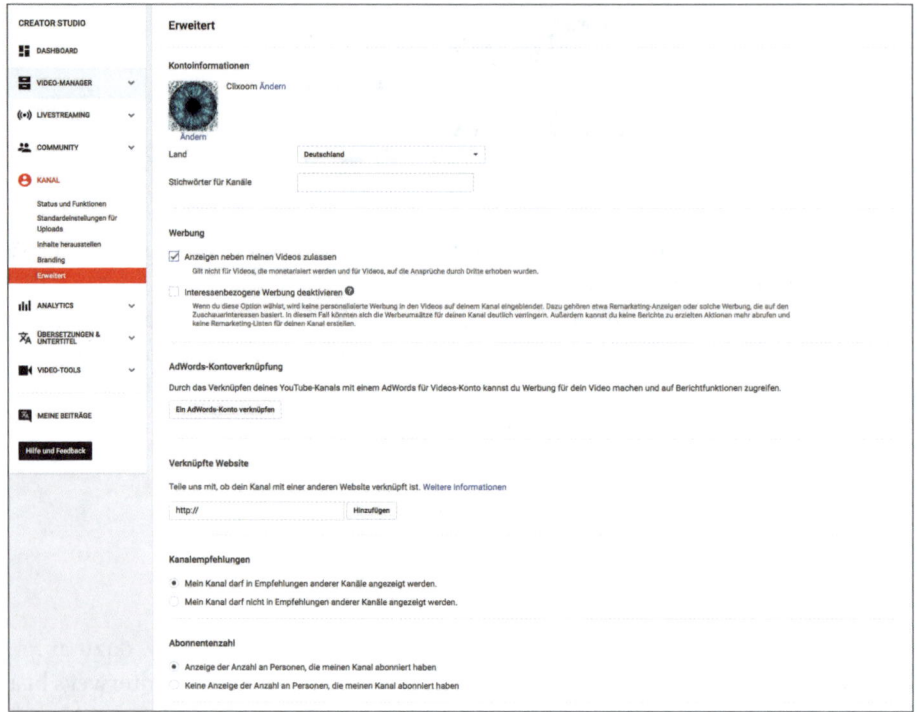

Kanaleinstellungen

Nun solltest du die wichtigsten Infos zu deinem Kanal unter »Über uns« einfügen. Hier gehören zum einen alle wichtigen Infos rein, die ins Impressum müssen. Da wir hier keine Rechtsberatung geben können, suche bitte im Internet nach Seiten, die erklären, was da alles rein muss. Dann kannst du hier Links einfügen, die unten rechts im Banner erscheinen. Dazu gehören Links zu den wichtigsten Social-Media-Plattformen, aber auch zu anderen Webseiten u. a.; einen individuellen Link kannst du hier setzen, der z. B. zu deiner eigenen Seite führt. Auch andere Kanäle können hier noch verlinkt werden. Als Nächstes ist das Erscheinungsbild deines Kanals dran. Hierfür gibt es einen Kanalbanner, der für alle Endgeräte verwendet wird. Auf dem Fernseher wird der gesamte Banner im Format 2560 x 1440 angezeigt, auf dem Computer je nach Breite des Displays ein schmaler Ausschnitt aus der Mitte und auf Smartphones daraus wiederum nur ein kleiner Bereich. Beim Design solltest du darauf achten, dass der Banner überall gut angezeigt wird und insbesondere dein Kanalsymbol nichts Wichtiges verdeckt. Das Kanalsymbol kannst du jetzt auch auswählen. Es ist quadratisch und wird überall auf YouTube angezeigt. Wähle ein Symbol, das ein echter Hingucker ist und zu deinem Kanalbanner passt. Umso mehr Blicke es auf sich zieht, umso öfter wird dein Kanal abonniert. Wir haben als Hingucker bei *Clixoom* inzwischen ein Auge ausgewählt, ein echter Hingucker;)

Bevor du deinen Kanal weiter einrichtest, solltest du jetzt unbedingt die Option *Kanallayout anpassen* aktivieren. Du findest sie unter dem Zahnrad neben dem Abonnieren-Button auf deiner Kanalseite. Ansonsten sehen die Leute, die deinen Kanal besuchen, den Feed, also alle deine Aktivitäten, was mitunter nicht so spannend ist. Willst du aber die besten Videos auf deinem Kanal featuren und eine Oberfläche haben, die deine Videos in den Vordergrund stellt, dann ist das angepasste Kanallayout eine sehr wichtige Einstellung, die du vornehmen musst.

Wenn du die Option *Kanallayout anpassen* aktivierst, ist bei dem neuen Kanaldesign auf YouTube eines besonders wichtig geworden: der Kanaltrailer. Dieses Video bekommen alle zu sehen, die deinen Kanal noch nicht abonniert haben und deine Kanalseite ansehen. Er sollte die besten Ausschnitte aus den Videos enthalten und so richtig Appetit auf ein Abo machen. Schaue dir am besten mal ein paar Trailer an, um dich inspirieren zu lassen. Aber Vorsicht! Eines gilt immer auf YouTube: Klauen verboten! Das Urheberrecht musst du immer beachten. Ansonsten riskierst du die Löschung deines Kanals!

4.2.2 Bereich hinzufügen

In deinem Kanal kannst du jetzt »Bereiche« hinzufügen. Du kannst also Playlisten einbauen, Videos aufgrund von Tags anzeigen lassen, neueste Beiträge usw. Du kannst verschiedene Anordnungen auswählen, und wenn du Videos nach Tags aussuchst, dem Bereich auch einen individuellen Titel geben.

4.3 Video drehen/schneiden/komprimieren

Ein eigenes Video auf YouTube online zu stellen, ist eigentlich die einfachste Sache der Welt. Es gibt nur ein klitzekleines Problem: Du brauchst Zuschauer! Es sei denn, du bist damit zufrieden, dass nur eine Handvoll Freunde deine vielleicht stinklangweiligen letzten Urlaubsfilmchen ansehen. Zuschauer bekommst du nur, wenn du sie unterhältst. Nicht von ungefähr ist das genau das gleiche Wort wie bei den Redewendungen »ein Haus unterhalten« und »Unterhalt zahlen«. Dabei geht es um Geld, das regelmäßig gezahlt werden muss. Bei einem Video ist es eigentlich genau das Gleiche, nur die Währung ist eine andere. Du bezahlst den

Zuschauer mit Spannung, Information oder Komik. Und wenn die jeweils nicht ausreicht, verhungert der Zuschauer im übertragenen Sinn und klickt weg. Das musst du immer im Hinterkopf behalten!

> **Deshalb:**
>
> Suche am besten nach einer genialen Idee! Entwickle sie selbst! Drehe sie so gut, wie du kannst! Die beste Kamera ist immer die, die du zur Verfügung hast! Halte dich also erst mal nicht mit Technik auf!

Schneide deine Videos so, dass sie unterhalten! Was den Schnitt betrifft, heißt dies: Wenn viel vor der Kamera passiert, dann musst du meist nicht viel schneiden. Ist allerdings wenig los, solltest du schneiden wie ein Weltmeister. Das hat viel mit Timing zu tun. Darüber gibt es im Bereich Comedy ganze Bücher. Der Schnitt hat schon manches Video erst sehenswert gemacht!

Zum Komprimieren bieten die meisten Schnittprogramme spezielle Formate für YouTube an. Für den Anfang reicht das. YouTube »frisst« nahezu alles, sodass es eigentlich keine Probleme geben dürfte, solange es sich um ein Video handelt. Allerdings solltest du dich auf Dauer ein wenig in das Thema einarbeiten, um die optimale Kompression für dein Betriebssystem, dein Schnittprogramm und dein gewünschtes Endformat auf YouTube zu finden. Das ist ein sehr, sehr weites Feld.

4.4   Eigene Videos hochladen

Zum Upload von Videos gibt es oben auf jeder Seite von YouTube den Link *Video hochladen*. Mit dem Button *Video hochladen, ganz oben rechts,* kannst du ein Video von deiner Festplatte auf YouTube hochladen.

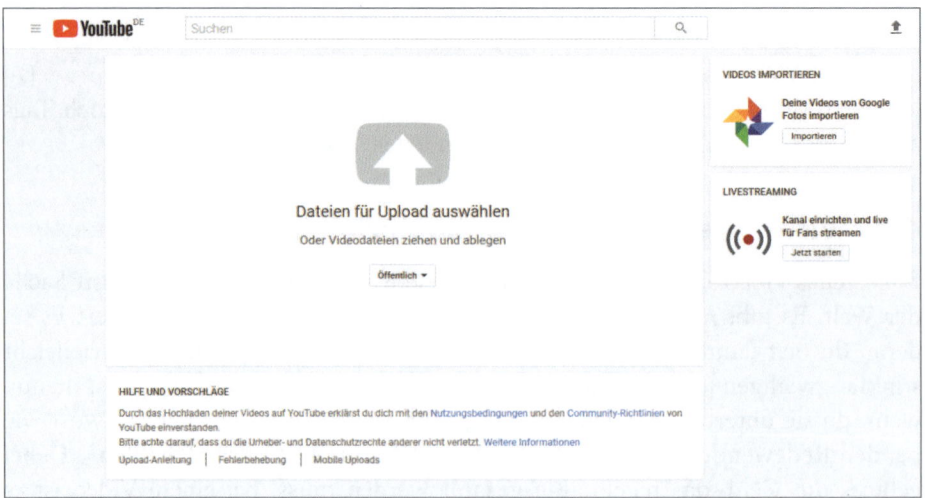

Video hochladen

4.5 Fremde Videos verlinken

Auch fremde Videos (von anderen YouTubern) kannst du auf deinem Kanal nutzen. Wie deine eigenen Videos kannst du sie in Playlists organisieren, in deinen Favoriten abspeichern usw. Du kannst sie sogar zu deinem Kanalvideo machen.

4.6 Den eigenen Kanal mit dem Smartphone organisieren

Fast jeder hat mittlerweile ein Smartphone und viele auch ein Tablet. Die Nutzung dieser Endgeräte, um YouTube-Videos anzuschauen, steigt rasant. Aber auch für dich als Kanalbetreiber ist YouTube mobil geworden. Mit der App »YouTube-Studio« kannst du die Funktionen deines Kanals bequem von unterwegs oder dem Sofa aus steuern.

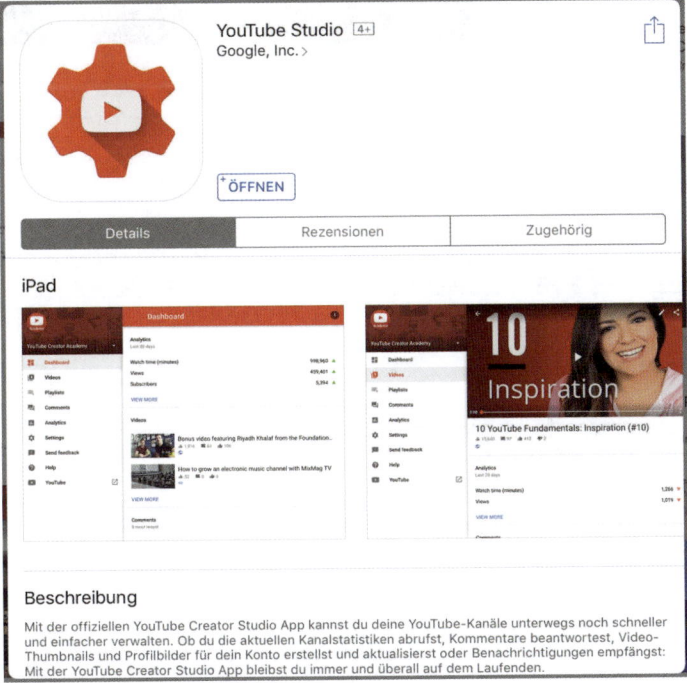

Die App YouTube Studio

Unser Videotipp

▶ ⏭ 🔊 5:47 / 8:08

IHR SEID VIEL ZU LUSTIG 3

119.704 Aufrufe

👍 10.611   👎 207   ➤ TEILEN   ᴇ₊   •••

Nilam
Veröffentlicht am 16.07.2017

1,1 MIO. ABONNIEREN

Die großen deutschen YouTube-Kanäle
Freekickerz

Die freekickerz sind einer der erfolgreichsten Kanäle in Deutschland, sogar DER erfolgreichste Kanal hierzulande, über 5,6 Millionen Abonnenten haben sie inzwischen. Der Erfolg rührt auch daher, dass ihre Videos international geschaut werden. Auf dem Kanal gibt es die besten Tipps, Fails und Highlights rund um Fußball zu sehen.

F: Wie seid ihr denn überhaupt auf YouTube gelandet? Woher kam die Idee zu dem Kanal?

Wie die meisten Jungs haben wir schon immer gerne Fußball gespielt und uns auch ab und zu auf dem Platz getroffen, um zu bolzen oder ein paar Freistöße zu schießen. Neben Fußball interessiere ich mich auch für Film und Fotografie und so haben wir neben anderen Videos auch gelegentlich unsere Schüsse aufgenommen

und auf YouTube hochgeladen. Wir hatten dabei nie wirklich den Plan, einen Kanal aufzumachen oder gar YouTuber zu werden. Durch das Veröffentlichen längerer Videos einzelner Freistöße hat sich mit der Zeit dann der freekickerz-Chan-
nel entwickelt.

F: Was ist euer Erfolgsrezept?

Wir hatten ein wenig Glück, dass wir zu den Ersten gehörten, die selbst gedrehte
Fußballvideos auf YouTube gestellt haben und so zu den Vorreitern in dem Bereich
wurden. Sicherlich war es dabei auch hilfreich, dass wir uns nicht mit überhöhten
Erwartungen unter Druck gesetzt haben, sofort eine große Abonnentenzahl zu
gewinnen. Vielmehr ging und geht es uns darum, mit Leidenschaft Fußball zu
spielen und dies mit unserer Community zu teilen. Für den Erfolg entscheidend
ist auch, dass wir unsere Abonnenten in die inhaltliche Gestaltung des Kanals
einbeziehen beispielsweise bei den Top-5-Toren oder Fails der Woche.

**F: Gibt es einen klaren Chef oder seid ihr alle gleich an dem Projekt beteiligt? Wie
ist die Arbeitsaufteilung?**

Der Kanal lebt von der Teamleistung – Kapitän bin aber ich (Konzi). Ich habe den
Kanal mitgegründet und arbeite seit Abschluss meines BWL-Studiums hauptberuflich für freekickerz. Dazu gehört unter anderem die Konzeption neuer Videos,
der Dreh und Schnitt. Letztendlich trägt aber jeder von uns neun Stammspielern
einen Beitrag, seien es Video-Ideen, Mitwirken bei Drehs und Schnitt, das Besuchen
von Events oder Postings. Unser Netzwerk Athletia unterstützt uns dabei in der
Organisation, Produktion sowie Vermarktung.

Ist das euer Hauptberuf? Was macht ihr denn sonst so?

Ich bin der Einzige, der bei freekickerz derzeit hauptberuflich tätig ist. Die anderen
Jungs studieren, arbeiten oder gehen noch zur Schule.

**F: Ihr habt seit einiger Zeit die meisten Abonnenten in Deutschland. Wie fühlt man
sich ganz oben? Was ist euer Ziel? Wie sieht eure Zukunft aus?**

Natürlich haben wir uns riesig gefreut, als sich freekickerz zum größten deutschen
YouTube-Kanal entwickelt hat. Ein bedeutender Vorteil des Kanals ergibt sich
durch die Internationalität des Sports. So erreichen wir mit unseren Inhalten weltweit ein großes Publikum und sind international sogar der Fußballkanal mit den

meisten Abonnenten. Unser Ziel ist es, noch gegen weitere berühmte Spieler kicken zu dürfen und mit den freekickerz so lange, wie wir und die Zuschauer Spaß daran haben, weiterzumachen.

F: Habt ihr zu Events wie EM oder WM mehr Views?

Da wir keine Spielbilder der Turniere veröffentlichen dürfen, gibt es keinen deutlichen Anstieg der Views. Allerdings erreichen z B. Tutorials zu starken Turnier-Spielern oder nachgestellte Freistöße den Nerv der Zeit – das haben wir aber auch oftmals unter der Saison, wenn wir beispielsweise auf einen coolen Spieler treffen oder eine besondere Compilation erstellen.

F: Seid ihr berühmt? Werdet ihr auf der Straße erkannt?

Na ja, uns kennen ja schon einmal mindestens 4,7 Mio Menschen – ob man dadurch auch offiziell »berühmt« ist, weiß ich nicht ;-) Auf der Straße oder auch auf dem Platz werden wir schon öfter erkannt. Da in unseren Videos aber unsere Füße häufiger als unsere Gesichter zu sehen sind, hält es sich in Grenzen.

F: Wärt ihr gerne professionelle Fußballspieler?

Nein. Der Zug ist abgefahren.

F: Habt ihr Tipps für YT-Einsteiger, speziell im Bereich Sport?

Ja! Sportler sollten sich von dem Gedanken verabschieden, klassischer YouTuber zu werden, sondern einfach weiterhin Sportler sein, die ihr Können auf YouTube zeigen, um den Fans der Sportart interessanten Content zu liefern. Es ist wichtig, regelmäßig Videos hochzuladen und immer wieder neue Sachen auszuprobieren, die einem selbst, aber auch der Community Spaß machen. Eine kontinuierlich gute inhaltliche Qualität als auch ein professionelles Editing erhöhen dabei die Chance, einen erfolgreichen Kanal zu führen.

Unser Videotipp

Wie man zu Cristiano Ronaldo wird (Parodie/Verarsche)

1.527.176 Aufrufe

26.489   4.959   TEILEN

freekickerz ✓
Veröffentlicht am 10.12.2015

5,7 MIO. ABONNIEREN

5 Videos machen

Videos zu produzieren, ist heute so einfach wie nie. Das Angebot an Kameras ist nahezu unüberschaubar und für jeden ist eine passende dabei. Selbst wer überhaupt keine Ahnung von Technik hat und sich auch nicht damit beschäftigen will, kann Videos in HD mit beeindruckender Qualität drehen. Zwar muss er den einen oder anderen Abstrich machen, doch im Großen und Ganzen bietet die heutige Kameratechnik ungeahnte Möglichkeiten. Wir selbst setzen für *Quickies* ein gutes Smartphone ein. Durch das Weitwinkelobjektiv liefern diese Teile scharfe Bilder und einen für ihre Klasse ausreichenden Ton. Mit einigen Smartphones ist es inzwischen sogar möglich, Aufnahmen in 4K zu drehen und beispielsweise Zeitlupenaufnahmen zu machen – ohne ein Videobearbeitungsprogramm zu benötigen. Natürlich gibt es auch einige Apps, die dir beim Bearbeiten von Videomaterial helfen können, egal ob Schnitt, Farbkorrektur oder Effekte.

5.1 Das Wichtigste: der Ton!

Es ist ein wenig paradox. Da liest du das Kapitel »Videos machen«, und als Erstes geht es um den Ton! Was für ein Quatsch! Aber der Ton ist beim Video tatsächlich das mit Abstand Wichtigste! Es sei denn, es gibt nichts zu hören oder du willst einen Stummfilm drehen. Während der Zuschauer schlechte Bildqualität eher (je nach Inhalt) entschuldigt, ist schlechter Ton das Todesurteil für ein Video. Im Bild sind meist selbst unter widrigsten Umständen noch genügend Informationen enthalten und es werden mehr Informationen in der Fläche gleichzeitig übertragen. Daher reicht schon ein Sekundenbruchteil zum Erkennen einer Situation. So funktionieren auch Fotos, denn eine Momentaufnahme ist meist ausreichend, um die Lage einschätzen zu können. Der Ton hingegen ist weitestgehend eindimensional. Der Mensch kann zwar mit seinen beiden Ohren räumlich hören, allerdings dient das nur zur Ortung. Letztlich entsteht das Hörbild erst mit der Zeit. Selbst eine Sekunde reicht oft nicht aus, um eine Situation akustisch zu verstehen. Beim Radiohören kann man das prima »messen«. Wie lange dauert es, bis ich einen Musiktitel am Intro erkenne? Je nach Bekanntheit und eigener Erfahrung können da einige Sekunden ins Land gehen.

Deshalb ist es für das Verständnis eines Videos überhaupt kein Problem, wenn die Bildqualität zu wünschen lässt, solange der Rest stimmt. Hier werden mit der Qualität der Aufnahme, der fachsprachlich auch *Production Value*, also Produktionswert, genannten Eigenschaft, andere Informationen übertragen. Das heißt, je hochwertiger deine Bilder und dein Ton sind, umso mehr Professionalität, Glamour usw. transportierst du als »Wert« mit deinem Video. Es wird als hochwertiger empfunden.

Die Hauptprobleme beim Ton sind die Umgebungsgeräusche und der Hall in geschlossenen Räumen. So klingt der Ton oft billig oder ist gar nicht verständlich. Um guten Ton zu bekommen, musst du dich ein bisschen mit den verschiedenen Mikrofontypen auskennen. Wenn du sie je nach Situation richtig einsetzt, kannst du schon deutliche Verbesserungen erreichen.

5.1.1   Handmikrofone

Das gebräuchlichste Mikrofon bei Reportern ist das Handmikrofon. Der Vorteil: In der Hand kannst du es schnell selbst dahin richten, wo die Schallquelle ist, also zum Beispiel ziemlich nah an den Mund deines Interviewpartners. Ganz unkompliziert erhältst du so einen optimalen Ton. Allerdings geht das nur, wenn ein Mikrofon im Bild zu sehen sein darf. Bei Handmikrofonen gibt es hauptsächlich zwei Typen, die sich durch ihre Richtcharakteristik unterscheiden: das Mikrofon mit *Kugelcharakteristik* und das Mikrofon mit *Nierencharakteristik*.

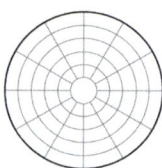

Kugelcharakteristik

Das Mikrofon mit Kugelcharakteristik nimmt den Schall rundherum auf. Daher ist es nicht so wichtig, in welche Richtung du es hältst. Allerdings werden so auch Störgeräusche stärker eingefangen. Wenn du also jemanden an einer verkehrsreichen Straße interviewst, kann es sein, dass seine Stimme im Verkehrslärm ziemlich untergeht.

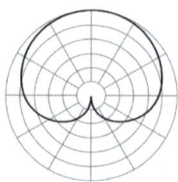

Nierencharakteristik

Das Mikrofon mit Nierencharakteristik nimmt den Schall bevorzugt direkt vor dem Mikrofon auf. Du musst es immer auf die Schallquelle richten, damit man alles versteht. Umgebungsgeräusche sind dadurch weniger hörbar.

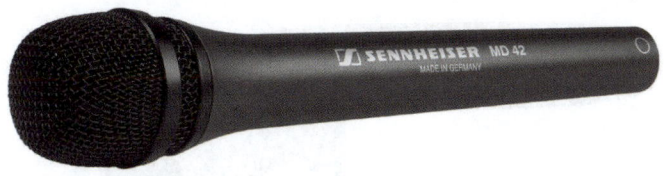

Mikrofon mit Kugelcharakteristik (Sennheiser MD 42)

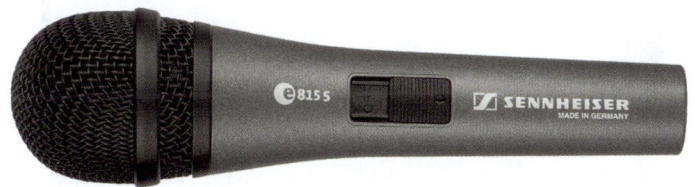

Mikrofon mit Nierencharakteristik (Sennheiser e 815 S)

5.1.2 Richtmikrofone

Richtmikrofone sind noch stärker als Mikrofone mit Nierencharakteristik gerichtet. Schall, der von der Seite kommt, wird bei ihnen weitestgehend ausgeblendet. Sie haben eine *Supernieren-* oder *Keulencharakteristik* und werden vor allem bei Spielfilmen, TV-Movies und überall dort eingesetzt, wo es auf guten Ton ankommt, aber das Mikrofon nicht im Bild erscheinen darf.

Mikrofon mit Keulencharakteristik (Sennheiser MKH 8070)

Dabei wird das Mikrofon an einer sogenannten *Tonangel* befestigt und von einem Assistenten so über die Szene gehalten, dass das Mikrofon genau auf die Schallquelle, zum Beispiel auf den Mund des Hauptdarstellers, zielt. So entsteht eine perfekte Tonaufnahme, ohne dass ein Mikrofon im Bild zu sehen ist. Ganz einfach ist dieses »Angeln« nicht. Der »Angler« muss immer schnell reagieren, wenn zum Beispiel verschiedene Leute miteinander reden. Außerdem hat schon mancher einen lahmen Arm bekommen, weil die Szene so lange dauerte.

Richtmikrofon als Kameramikrofon (Sennheiser MKE 400)

Assistent hält Angel mit Mikro

5.1.3   Ansteckmikrofone

Eine ganz andere Lösung, um guten Ton zu bekommen, sind kleine *Ansteckmik-rofone*. Sie werden an die Kleidung gesteckt und befinden sich so ganz nah an der Schallquelle, dem Mund. Mit einem Streifen Klebeband kann das Mikro auch vorsichtig in der Kleidung befestigt werden, sodass das Mikro noch nicht einmal zu sehen ist. Dabei musst du aber darauf achten, dass die Klebeschicht nicht das Mikro berührt. Es gibt richtige Spezialisten im Verstecken von Ansteckmikrofonen. Da Letztere nur schwierig zu richten sind, haben sie meistens eine Kugelcharak-teristik. Weil sie sich aber in der Nähe der Schallquelle befinden, fällt das nicht so ins Gewicht. Lediglich in kleinen hallenden Räumen kann der Ton damit komplett unbrauchbar sein. Beim Ton solltest du also immer zwischendurch reinhören! Am besten ist es natürlich, wenn du schon vor Drehbeginn ein paar Tonproben machst, damit später nichts schiefgeht.

Ansteckmikrofon (Sennheiser ME 2)

5.1.4   Funkmikrofone

Hand- und Ansteckmikrofone gibt es auch als Funkmikrofone. Allerdings kosten die eine Stange Geld und die Funkstrecken reagieren mehr oder wenig empfindlich auf Störungen. Besonders Systeme, bei denen nur eine feste Frequenz eingestellt werden kann, sind sehr anfällig gegen Funkstörungen. Besser sind die sogenannten *Diversity-Systeme*. Hierbei wird ständig die Qualität der Funkstrecke gemessen und von mehreren Frequenzen immer die beste ausgewählt. Störungen sind so nahezu ausgeschlossen. Der Vorteil der Funkstrecke ist, dass es sich dabei fast um die entspannteste Art der Tonaufnahme handelt. Das Mikro ist zum Beispiel als Ansteckmikro immer an der Schallquelle, und wenn dein Darsteller durch die

Gegend läuft, stören keine Kabel. Auch als Handvariante kann das Funkmikro einfach von Hand zu Hand gereicht werden, ohne dass ein Kabel stört. Einen kleinen Haken gibt es allerdings: Die Funkstrecken werden mit Batteriestrom betrieben und Batterien sind nicht nur gerne mitten im Dreh schon einmal leer, sondern kosten auch Geld, weil sie ziemlich viel Saft ziehen. Außerdem gibt es da noch das Kästchen mit dem Sender. Dieses am Körper zu verstecken, ist zum Beispiel eine Herausforderung, wenn deine Darstellerin ein enges Abendkleid trägt.

Funkstrecke (Sennheiser ew 122-p G3)

5.1.5 Tonkontrolle

Wenn es irgendwie machbar ist, solltest du den Ton während der Aufnahme an der Kamera mit einem Kopfhörer kontrollieren. Das geht im Prinzip selbst mit einem Minikopfhörer. Willst du allerdings sicher sein, ob der Ton okay ist, zum Beispiel in einem hallenden Raum, wo du nur schwer unterscheiden kannst, was aufgenommen wurde und was Umgebungsgeräusch ist, dann brauchst du einen geschlossenen Kopfhörer. Er hält das Umgebungsgeräusch weitestgehend ab und du kannst den ankommenden Ton besser beurteilen.

Geschlossener Kopfhörer (Sennheiser HD 25 SP II)

5.1.6 Automatische Aufnahme

Sie ist die meistbenutzte Einstellung, aber auch die schlechteste. Oft hat die Elektronik nämlich die unerfreuliche Eigenschaft, den Ton an leisen Stellen hochzuziehen, sodass plötzlich Umgebungsgeräusche wie Blätterrauschen, Straßenverkehr usw. lauter zu hören sind. Daher solltest du vor der Aufnahme mit der Kamera ein paar Tests machen, um zu prüfen, wie die Automatik funktioniert. Manche kannst du gleich völlig vergessen, andere wiederum liefern einen ganz ordentlichen Ton ab. Besser ist immer die Aufnahme von Hand. Das heißt, der Ton wird ausgesteuert, am besten sogar über ein Mischpult. Darum muss sich aber immer jemand extra kümmern, weil der Ton ansonsten gerne unter- oder übersteuert ist. *Übersteuerter Ton* klingt total verzerrt und kaputt, *untersteuerter Ton* ist verrauscht und unverständlich.

5.1.7 XLR-Kameraadapter

Viele Kameras bieten absolut unzureichende Möglichkeiten, den Ton zu kontrollieren und auszusteuern. Hierfür gibt es Zusatzgeräte, die zum einen die automatische Aussteuerung überlisten und zum anderen bessere Kabelverbindungen bieten. Das beste Kabel zwischen Kamera und Mikrofon ist nämlich eine symmetrische Verbindung mit XLR-Steckern. Diese Verbindung verhindert das

Brummen, das gerne bei längeren Kabeln auftritt. Damit du diese Kabel einsetzen kannst, brauchst du aber einen symmetrischen Toneingang. Damit hast du einen professionellen Toneingang an deiner Kamera und Einfluss auf den Ton.

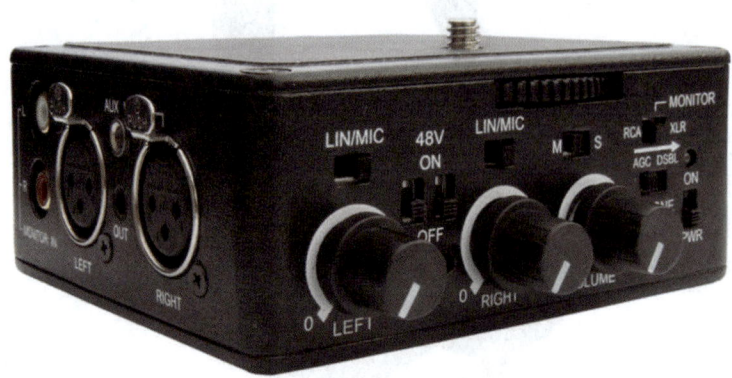

XLR-Kameraadapter (BeachTek DXA-SLR)

5.2   Das »Zweitwichtigste«: das Bild!

Wie wir ja schon festgestellt haben, ist das Bild nicht so wichtig wie der Ton. Na ja, jedenfalls dann, wenn Ton in deinem Film eine Rolle spielt. Allerdings wirst du dich die meiste Zeit mit dem Bild beschäftigen! Denn das Bild ist entscheidend für dein Video. Und da gibt es eine Menge Fragen: welche Perspektive, welche Einstellungsgröße, welches Objektiv und, und, und. Doch bevor du dir diese Fragen stellen kannst, solltest du dich mit dem grundlegenden Thema Kamera auseinandersetzen.

Hier gibt es eine riesige Auswahl und mit der Entscheidung für eine Kamera ist auch immer die Entscheidung für bestimmte Vor- und Nachteile verbunden.

Sensor

Das entscheidende Bauteil in jeder Kamera ist der Sensor. Er ist die lichtempfindliche Fläche in der Kamera, auf die das Bild trifft, das in digitale Signale gewandelt wird. Mit unterschiedlichen Bauarten und Größen bestimmen die Sensoren in erheblichem Umfang, was für ein Bild die Kamera macht. Dabei gilt: Je größer der Sensor, umso geringer ist die Schärfentiefe, und umgekehrt: Je kleiner der Sensor, umso größer ist sie. Mit Schärfentiefe ist der Bereich vor und hinter dem fokussierten Motiv gemeint, der vom Zuschauer noch als scharf empfunden wird. Dabei wird eine geringe Schärfentiefe bis zu einer gewissen Grenze ästhetischer empfunden als eine größere. Mit einer großen Schärfentiefe lässt es sich aber leichter drehen, weil fast immer alles von vorne bis hinten scharf ist.

CCD-Sensor

Im CCD-Sensor sind die lichtempfindlichen Halbleiter so verschaltet, dass die durch das einfallende Licht auftretenden Spannungen wie bei einer Eimerkette ausgelesen werden. Da dies einige Zeit dauert, wird der komplette Sensor zu einem Zeitpunkt belichtet und dann werden die Daten ausgelesen. Das kostet Zeit, weshalb CCD-Sensoren zwingend mit einem Zwischenspeicher ausgestattet sein müssen. Ein weiterer Nachteil: Zwischen den Zellen treten hohe Ladungen über, sodass die Umgebung heller Stellen leuchtet. Dieser Effekt wird Blooming genannt.

CCD-Sensor

CMOS-Sensor

Der CMOS-Sensor hat diese Nachteile nicht, da hier jeder lichtempfindliche Halbleiter einzeln ausgelesen wird. Dabei kann weitere Elektronik direkt auf dem Sensor eingebaut werden, die z. B. die Belichtung kontrolliert, den Weißabgleich macht usw. Allerdings wird hierbei meist auf einen Speicher wie beim CCD-Sensor verzichtet, sodass der Ablauf des Auslesens z. B. bei schnellen Schwenks zu erkennen ist. Der Fachbegriff hierfür lautet Rolling Shutter.

CMOS-Sensor

Rolling Shutter

Beim CMOS-Chip verstreicht Zeit, während die Bilddaten ausgelesen werden und das Bild an die Bildverarbeitung übertragen wird. Während dieser Zeit kann sich ein Objekt bewegen, sodass in einem Bild unterschiedliche Zustände dieses Objektes aufgenommen werden. Am heftigsten tritt dieser Effekt bei schnellen Schwenks auf, bei denen dann senkrechte Linien zur Seite kippen, oder bei sich sehr schnell bewegenden Objekten wie Rotorblättern.

Schiefer Mast durch Rolling Shutter

5.2.1 Smartphones

Ein Gerät, um spontan Videos aufzunehmen, haben die meisten immer dabei: das Smartphone! Dank moderner Technik ist es möglich, qualitativ hochwertige Videos mit der Kamera des Smartphones zu drehen. Es ist sogar möglich, Videos in 4K aufzunehmen. Ein Problem, das bei der Aufnahme oft auftritt, ist ein verwackeltes Bild. Durch die unbewusste Bewegung der Hände oder wenn du an ein Objekt ranzoomst, können manchmal zittrig wirkende Videos entstehen. Abhilfe können kleine Stative bieten, mit denen sich auch aus der Hand ruhige Aufnahmen machen lassen. Es gibt sogar Kamerastabilisierungssysteme für Smartphones, sogenannte Gimbals, die hollywoodwürdige Kamerafahrten ermöglichen. Bei guten Lichtverhältnissen stellen Smartphones inzwischen eine gute Alternativen zu reinen Kameralösungen dar. Und es ist möglich, durch verschiedene Apps das gedrehte Material direkt zu schneiden und zu bearbeiten. Außerdem kannst auf Plattformen wie Facebook, Twitter oder YouTube Livestreams mit dem Smartphone starten.

Smartphone Samsung Galaxy

5.2.2 Digitalkameras

Digitale Fotoapparate sind oft bestens für den Videodreh geeignet, allerdings gilt auch hier häufig die Beschränkung auf die nicht PAL-kompatiblen 30 Bilder pro Sekunde. Zwar gibt es immer mehr Kameras, die auch 25 Bilder pro Sekunde liefern, aber bei so manchem Schnäppchen bietet sich eben nur die Option, mit 30 Bildern pro Sekunde zu filmen. Im Gegensatz zu den Einfachstkameras hat man hier deutlich mehr Gestaltungsspielraum, muss sich allerdings auch mit der Technik intensiver auseinandersetzen. Doch gibt es unterschiedliche Konzepte: Bei zahlreichen Kameras wurde die Videofunktion ohne Berücksichtigung der Bedienung einfach »draufgesetzt«. Die Konsequenz: Die Gestaltungsmöglichkeiten der Kamera können nicht genutzt werden, Folgen sind keine oder nur eine schlechte Korrektur der Schärfe oder Blende, geringe Aufzeichnungsdauer und vieles mehr. Hier sollte man unbedingt darauf achten, dass auch die Videofunktion technisch gut umgesetzt wurde.

Digitalkamera Sony RX100 V

5.2.3   Action-Kameras

Action Kameras, wie zum Beispiel die Modelle von GoPro, bieten die Möglichkeit, zum Beispiel sportliche Aktivitäten gut auf Video festzuhalten. Sie sind sehr robust gebaut und verfügen über ein Weitwinkelobjektiv. Viele Modelle sind zudem wasserdicht oder können mit einem Gehäuse gegen Wasser geschützt werden. Der Nachteil dieser kleineren Kameras liegt darin, dass du bei ihnen längst nicht so viele Einstellungen vornehmen kannst wie zum Beispiel bei einer DSLR.

Action-Kamera GoPro HERO 3+

5.2.4   VLOG-Kameras

Neben den kleinen Action-Kameras gibt es auch Geräte, die handlich klein sind und ebenfalls über ein Weitwinkelobjektiv verfügen. Diese Kameras werden sehr häufig von V-Logern benutzt, da man mit ihnen direkt und einfach seinen Alltag mitfilmen kann. Diese Kameras sind inzwischen so verbreitet, dass der »Fisheye-Look«, der durch den Weitwinkel entsteht, heute schon fast sinnbildlich für ein »klassisches« YouTube-Video steht.

Eine Legria Mini von Canon

5.2.5   VDSLRs und VDSLMs

Die digitalen Spiegelreflexkameras, auch DSLR-Kameras *(Digital Single Lens Reflex)* genannt, und auch die gleichwertigen spiegellosen Kameras, die DSLMs (Digital Single Lens Mirrorless), nehmen eine Sonderstellung unter den Digitalkameras ein. Die DSLMs kommen ohne den Spiegel aus. Stattdessen gibt es einen hochauflösenden elektronischen Sucher und einen hochauflösenden Monitor auf der Kamerarückseite. Insbesondere für das Drehen von Videos ist das eher ein Vorteil, weil die konstruktiven Nachteile des Spiegels vermieden werden. Der wird nämlich bei VDSLRs für Videoaufnahmen dauerhaft hochgeklappt und es gibt im Sucher kein Bild mehr. Bei einer spiegellosen DSLM hingegen ist immer das Sucherbild bzw. das Livebild auf dem Monitor zu sehen. Da beide Kameratypen generell über große Fotosensoren verfügen, bieten sie im Gegensatz zu den Einfachstkameras Schärfe nur in einem sehr geringen Bereich in der Bildtiefe (Schärfentiefe). Das macht es schwieriger, mit solchen Kameras zu drehen. Diese Eigenschaft kann aber auch kreativ genutzt werden. So können *Video-DSLRs* wie *Video-DSLMs* sehr hochwertige Bilder liefern, in denen sich das scharfgestellte Motiv vom unscharfen Vorder- und Hintergrund abhebt, und so einen dem Kinofilm ähnlichen Look bieten, der sogar manche professionelle TV-Kamera in den Schatten stellt. Allerdings müssen die Videos, da der Sensor mehr Pixel als HDTV oder sogar 4K bietet, für HDTV oder 4K auf die geringere Pixelanzahl heruntergerechnet werden. Das führt zu Artefakten, zum Beispiel kleinen Klötzchen bei fein strukturierten Motiven wie Blättern oder unruhigen Wasseroberflächen. Und noch einen Nachteil haben diese Kameras: Ihre Sensoren sind nicht für das Filmen optimiert und lesen das Bild Zeile für Zeile aus (siehe im Kasten »Sensor«), was zum sogenannten *Rolling-Shutter-Effekt* führt.

Auch bei diesen Kameras ist wichtig, dass es vernünftige Anschlussmöglichkeiten für Mikrofone gibt und die Videofunktionalität gut integriert ist. Einen erheblichen Nachteil haben die VDSLRs und VDSLMs aber in jedem Fall: Ergonomisch betrachtet sind sie fürs Fotografieren und nicht fürs Filmen konstruiert. Und wer hält sich schon ständig eine Filmkamera vor die Nase? Das ist zu anstrengend. Um dafür Abhilfe zu schaffen, werden zahlreiche Konstruktionen, sogenannte Rigs, angeboten, die zusätzlich so richtig ins Geld gehen können. 2.000 Euro sind da nichts! Außerdem haben diese Kameras oft ein Hitzeproblem: Der Prozessor erhitzt sich bei der Komprimierung des Videos so stark, dass auch der Sensor sehr heiß wird. Verstärktes Bildrauschen ist nur der Anfang. Im Extremfall führt die Hitzeentwicklung zum kompletten Ausstieg der Kamera und zum Abschalten.

VDSLRs und VDSLMs bieten die anspruchsvollste Technik für das geringste Budget. Selbst professionelle Produktionen, vor allem Musikvideos, werden immer öfter mit diesen Kameras gedreht. Sogar eine Folge der erfolgreichen TV-Serie *Dr. House* wurde mit einer VDSLR produziert.

VDSLR Canon EOS 5D Mark III

Videokameras

Das Angebot an Videokameras ist riesig. Fast alle paar Wochen kommen neue Modelle auf den Markt, aber nie ist die Eier legende Wollmilchsau dabei, also die Kamera, die alle Wünsche gleichzeitig erfüllt. Wer sich einen Überblick über aktuelle Modelle verschaffen will, der wird schnell feststellen, dass hinter den Produkten scharf kalkuliertes Marketing steckt. Die Hersteller überschneiden sich selten in ihrem Produktangebot und fast jeder Kamera fehlt zumindest eine Eigenschaft, die man sich wünscht.

5.2.6 Amateurkameras

In der niedrigen Preisklasse wird zum Teil zwar schon eine erstaunliche Bild- und Tonqualität erreicht, jedoch sind die Bedienmöglichkeiten stark eingeschränkt. An zahlreiche Funktionen kommt man ausschließlich über Menüs heran und manche Einstellungen sind nur sehr schwer in einem Zusatz- oder Untermenü zu finden. Oft gibt es nicht mal einen Schärfe- oder Blendenring. So bleiben einem oft nur die Automatikfunktionen, die mehr oder weniger zufriedenstellend auf die Situation reagieren. Wer aber eine Kamera sucht, die nicht exorbitant teuer und einigermaßen leicht zu bedienen ist und dabei noch diverse Einstellungsmöglichkeiten bietet, ist mit einer solchen Variante gut bedient.

Amateurkamera JVC GZ-RX615BEU

5.2.7 Semiprofessionelle Kameras

Die nächste Kamerakategorie ist die der semiprofessionellen Kameras in einem Preissegment, das bei etwa 2.000 Euro beginnt. Hier ist die Ausstattung mit Objektiv, Sensorgröße, Speichermedium und Aufzeichnungsqualität entscheidend. Je hochwertiger, umso teurer sind die Kameras. Achte aber vor allem auf die Folgekosten! Das betrifft insbesondere das Speichermedium, also beispielsweise P2-Karten bei Panasonic oder SxS-Karten bei Sony und JVC oder auch die Verwendung von SDHC-Karten. Letztere bieten einen großen Vorteil: Sie werden von den unterschiedlichsten Herstellern angeboten und somit existiert ein größerer Wettbewerb, der zu niedrigeren Preisen führt. Zwar sind SDHC-Karten technisch noch den Karten von Sony und Panasonic unterlegen, vor allem was die Schreibgeschwindigkeit angeht, doch erscheinen immer schnellere SDHC-Karten, sodass diese in Zukunft auch für datenintensive Codecs verwendet werden können. Aufgrund der sinkenden Preise können die Karten in Zukunft auch zum Archivieren eingesetzt werden, sodass man sich weniger Gedanken über die Datensicherung machen muss.

Semiprofessionelle Kamera JVC GY-HM200E 4KCAM

5.2.8   Professionelle Kameras

Der Übergang zwischen den semiprofessionellen und den professionellen Kameras ist inzwischen fließend. Es stellte sich zum Beispiel heraus, dass die Sensoren der ersten HD-Kameras das HDTV-Signal nur interpoliert, also hochgerechnet hatten, da die Sensorauflösung zu klein war – und das trotz des hohen Preises. Da sind semiprofessionelle Kameras auch nicht viel schlechter und werden zunehmend auch bei professionellen Produktionen eingesetzt. Zudem bieten sie immer öfter eine Qualität, die von der professioneller Kameras nicht mehr zu unterscheiden ist. Bedingung für eine professionelle Kamera ist aber heute sicher ein 2/3-Zoll-CCD-Chip ohne Rolling-Shutter-Effekt. Dieser Sensor sollte in Full HD ohne Interpolation aufnehmen können, also ohne das Bild von einer geringeren Auflösung auf Full HD hochrechnen zu müssen. Zudem werden die Videos bei einer professionellen Kamera nur gering komprimiert aufgezeichnet, sodass sie ohne Umrechnung auf einem Schnittsystem verwendet werden können. Die Kamera sollte die Größe einer TV-Kamera haben und genauso bequem auf der Schulter aufliegen können. Teurere professionelle Kameras haben nach wie vor den Vorteil, dass sie viel robuster und zuverlässiger als semiprofessionelle Kameras sind. Auch die Optiken, die hierfür zur Verfügung stehen, bieten vielfältige Möglichkeiten. Dass allein eine Weitwinkeloptik für eine HD-Kamera rund 20.000 Euro kosten kann, kommt nicht von ungefähr.

Professionelle Kamera Sony PDW700

Halbbilder

Bei der Entwicklung der Bildröhre entstand schnell das Problem, dass im Gegensatz zum Kino, wo das Licht durch die Leinwand reflektiert wurde, die Bildrate von 24 bzw. 25 Bildern pro Sekunde nicht ausreichte, da diese Frequenz bei der selbstleuchtenden Bildröhre zu sehr flimmerte (deshalb hatte das Fernsehen früher den Spitznamen »Flimmerkiste«).

Der Berliner Fernsehturm wird bei einem Schwenk in zwei Halbbilder zerlegt.

Die Ingenieure kamen deshalb auf einen Trick: Da das Bild in der Bildröhre sowieso zeilenweise »geschrieben« werden musste, bediente man sich dieses Verfahrens, um die Bildrate zu erhöhen. Statt jeder Zeile wurde nur jede zweite Zeile »geschrieben«. Das geschah aber dafür 50-mal pro Sekunde und immer abwechselnd für die geraden und die ungeraden Zeilen. Für das Auge ergibt sich ein flüssiges Bild und das Flimmern verschwindet fast, da die fluoreszierende (leuchtende) Schicht bei dieser Bildrate lange genug nachleuchtet. Im Englischen wird dieses Verfahren übrigens »Interlaced« genannt. In der heutigen Produktion führt dieses Verfahren aber zu zahlreichen Problemen: Zum einen werden je nach Verfahren zuerst die geraden und dann die ungeraden Zeilen »geschrieben« bzw. umgekehrt. Wird diese »Halbbilddominanz« vertauscht, entsteht ein sehr unschöner Bildfehler. Zum anderen können LCD-Fernseher und -monitore heute ohne Probleme Vollbilder darstellen. Gerne wird deshalb inzwischen in Vollbildern produziert.

5.3   Stativ

Viele Szenen kannst du ohne Probleme aus der Hand drehen. Manchmal aber ist ein Stativ unerlässlich. Willst du z. B. eine Bewegung am Horizont zeigen oder ihn ruhig abschwenken, ist ein Stativ unerlässlich. Um eine Kamera nur einfach sicher aufzustellen, reicht schon ein Billigstativ. Diese gibt es schon ab etwa 25 Euro. Willst du dagegen richtig schwenken, wirst du um die Ausgabe von ein paar Hundert Euro nicht herumkommen. Stative mit einem akzeptablen Schwenkkopf kosten leider sehr viel. Sparst du hier am falschen Ende, wirst du keine Freude an deinem Stativ haben. Das ruckelt dann am Anfang und du bekommst keine ruhige Bewegung hin. Deshalb probiere ein Stativ immer aus, und erst, wenn du sicher bist, dass du damit ordentlich schwenken kannst, kaufe es.

5.4   Weißabgleich

Wenn du dich bisher immer auf die Automatikfunktionen deiner Kamera verlassen hast, dann bist du diesem Terminus technicus (zu Deutsch: Fachbegriff) noch nicht begegnet. Aber vielleicht ist dir schon einmal aufgefallen, dass deine Aufnahmen manchmal etwas bläulich und dann wieder etwas rötlich waren. Grund ist die sich verändernde Farbtemperatur. Am helllichten Tag ist das Licht unter blauem Himmel eher bläulich und drinnen nachts unter einer Glühbirne eher rötlich. Das Auge gleicht das aus, sodass du den Unterschied nicht bemerkst. Die Kamera mit automatischem Weißabgleich kann das in begrenztem Umfang auch. Profis machen aber vor jeder Aufnahme einen manuellen Weißabgleich. Sie halten ein weißes Blatt Papier so in die Kamera, dass es das Umgebungslicht in die Kamera reflektiert. Dann drücken sie den Knopf für den Weißabgleich, und schon hat alles die richtige Farbe. Auch bei immer mehr Amateurkameras gibt es diesen Knopf oder Menüpunkt. Wenn du wirklich farbgetreue Aufnahmen haben willst, solltest du diesen Knopf oder Menüpunkt nutzen, sobald sich die Lichtverhältnisse zwischen den Aufnahmen ändern. Auch für den Schnitt ist der Weißabgleich extrem wichtig. Wenn der nicht stimmt, dürftest du einige Mühe mit der nachträglichen Farbkorrektur haben.

Rötliches Bild

Bläuliches Bild

5.5   Scharfstellen

»Ich bin doch nicht blöd! Das ist mir jetzt ein bisschen zu simpel!«, wird der eine
oder andere denken. Erfahrungsgemäß gibt es aber immer noch viele Drehs, bei
denen man sich nachher im Schnitt über genau solche Kleinigkeiten tierisch ärgert!
Gerade wir wissen das! Wir wählen ein eigentlich total simples Format, trotzdem
gehen immer wieder ganz einfache Dinge schief. Deshalb folgen hier auch ein paar
Worte zur Schärfe. Unser Tipp: Vor dem ersten Dreh mit deiner Kamera solltest
du ausführlich mit ihr herumprobieren: Wo liegt bei welcher Brennweite, also bei
welchem Bildausschnitt/Zoomfaktor, die Schärfe? Bei manchen Amateurkameras
liegt die Schärfe bei maximalem Telezoom woanders als bei maximalem Weitwin-
kelzoom. Dann kannst du zwar zoomen, aber das Bild wird unscharf. Es kann
sein, dass das nur bei offener Blende, also bei ungünstigen Lichtverhältnissen,
passiert. All das solltest du vor Beginn des Drehs testen. Zeigt deine Kamera da
keine Schwäche, kannst du wie ein Profi arbeiten: heranzoomen, scharfstellen,
wegzoomen, drehen! Wenn du übrigens Menschen drehst, muss die Schärfe immer
auf den Augen liegen. Sind die Nase oder die Wangen scharf, die Augen aber nicht,
empfindet der Zuschauer das Bild als unscharf.

5.6   Schärfentiefe

Der Begriff Schärfentiefe, auch (fälschlicherweise) Tiefenschärfe genannt, beschreibt den Bereich, in dem das Bild scharf ist. Je geringer sie ist, umso mehr sieht
das Bild nach Kino aus, aber umso schwieriger ist es auch, die Schärfe zu finden
und zu halten. Grundlage für dieses Phänomen sind die Gesetze der Optik. Letztlich ist das Prinzip relativ einfach. Das Objektiv bündelt die von jedem Punkt des
Motivs ausgehenden Lichtstrahlen, sodass sie kegelförmig in die Kamera dringen.
Dort, wo die Kegelspitze auf den Sensor fällt, ist das Licht optimal gebündelt und
das Bild damit scharf. Dies gilt für alle Punkte des scharfgestellten Motivs. Punkte,
die nicht genau auf dem Sensor gebündelt werden, sondern davor oder dahinter,
werden als mehr oder minder kleine Kreisscheiben, sogenannte Zerstreuungskreise, auf dem Sensor abgebildet. Ab einer bestimmten Größe werden sie als
Unschärfe wahrgenommen. Sie liegen damit außerhalb der Schärfentiefe. Je größer
die Zerstreuungskreise, umso verwaschener wirkt die Unschärfe und umso weniger sind die abgebildeten Gegenstände erkennbar. Die Zone vor oder hinter dem
scharfgestellten Motiv, in der die Kreisscheiben so klein sind, dass sie vom mensch-
lichen Auge immer noch als Punkte wahrgenommen werden, bildet den Bereich
der Schärfentiefe. Ist diese Zone besonders klein, kann ein scharfgestelltes Vorder-
grundmotiv vor einem unscharfen Hintergrund freigestellt werden. Diese Wirkung
wird in vielen Fällen als besonders ästhetisch empfunden.

Schärfentiefe – David Hasselhoff unscharf im Hintergrund

Schärfentiefe – Christoph Krachten unscharf im Vordergrund

Folgende Faktoren wirken sich auf die Größe der Zerstreuungskreise aus:

◼ **Blende**

Je offener du die Blende wählst, umso stumpfer sind die Lichtkegel und umso größer die Zerstreuungskreise. Das Ergebnis ist eine geringe Schärfentiefe. Schließt du die Blende jedoch, wird die Schärfentiefe größer.

◼ **Brennweite**

Je länger die Brennweite, umso stärker ist die Vergrößerung des Motivs und damit auch die Vergrößerung der Zerstreuungskreise. Wenn du mit deinem Zoomobjektiv eine lange Brennweite (Teleposition) wählst oder ein Teleobjektiv verwendest, erzeugst du so eine geringe Schärfentiefe. In der Weitwinkelposition bzw. bei einem Weitwinkelobjektiv hingegen ist meist das ganze Bild scharf.

◼ **Motivabstand**

Je kürzer der Abstand des scharfgestellten Motivs zu deiner Kamera, umso stärker ist – ähnlich wie bei der längeren Brennweite – die Vergrößerung des Motivs und damit auch die der Zerstreuungskreise. Das heißt, die Schärfentiefe verringert sich mit abnehmendem Motivabstand.

◼ **Sensorgröße**

Je kleiner der Sensor, umso geringer ist die Vergrößerung des Motivs und damit auch die Vergrößerung der Zerstreuungskreise. Daher erzeugen Videokameras mit kleinem Sensor auch bei längerer Brennweite und offener Blende Bilder mit großer Schärfentiefe. Du solltest deshalb für Aufnahmen mit einer geringen Schärfentiefe am besten eine digitale Spiegelreflexkamera mit einem großen Sensor einsetzen.

Zerstreuungskreise

5.7 Licht

Entscheidend für den richtigen Dreh ist auch die Beleuchtung. Mit geringen Mitteln kannst du Szenen deutlich aufwerten. Dabei ist das Grundprinzip ganz einfach: Du brauchst nur drei Lampen. Diese Lampen müssen allerdings ein paar Bedingungen erfüllen. Du musst wissen, welche Farbtemperatur sie haben, d. h., ob sie Tageslicht oder Kunstlicht abstrahlen. Tageslicht ist bläulich und Kunstlicht rötlich. Werden die Farbtemperaturen gemischt, hast du sogenanntes Mischlicht, was meist etwas seltsam aussieht. Allerdings kannst du den Effekt auch ganz bewusst einsetzen, um zum Beispiel den Unterschied zwischen draußen – kühl und bläulich – und drinnen – warm und rötlich – zu verdeutlichen. Weiterhin sollten die Lampen fokussierbar sein, das heißt, du solltest die Birne oder den Reflektor so verschieben können, dass eine gewisse Variation zwischen einem Strahler und einer eher flächigen Beleuchtung möglich ist. Du kannst einen ähnlichen Effekt aber auch mit Frostfolien erzielen. Die sehen aus wie Milchglas und machen das Licht weicher. Außerdem musst du die Scheinwerfer abklappen können, damit kein Licht dahin fällt, wo keines sein soll. Das bedeutet, dass du die Abstrahlung der Lampe in eine bestimmte Richtung mit schwarzen, an der Lampe befestigten Klappen verhinderst.

Ausleuchtung mit drei Lampen

5.7.1 Lampe 1: Das Führungslicht

Das Führungslicht ist die Hauptlichtquelle und gibt in der Szene eine Lichtrichtung vor. Das Führungslicht darf Schatten werfen, wobei du darauf achten musst, wie sich die Schatten vor allem im Gesicht zeigen. Da werden gerne mal Augenringe in ein Gesicht gezaubert, wo vorher gar keine waren. So erzielt das Führungslicht auch durch seine Position mitunter eine dramaturgisch entscheidende Rolle. In Horrorfilmen beispielsweise wird das Führungslicht gerne von unten gesetzt, was die Szene und speziell die Gesichter ziemlich gespenstisch aussehen lässt.

Führung

5.7.2   Lampe 2: Die Aufhellung

Wo viel Licht ist, ist auch viel Schatten. Das ist der Effekt des Führungslichts, der zum Teil wieder rückgängig gemacht werden muss, damit die Schatten nicht zu unschönen Effekten wie langen Nasenschatten führen. Hierfür benutzt du eine zweite Lampe, die Aufhellung. Sie nimmt ganz behutsam und weich als flächiges Licht die Schatten aus dem Bild. Dazu kannst du, wie oben erwähnt, Frostfolie verwenden oder die Lampe weniger fokussieren, damit das Licht etwas breiter gestreut wird.

Aufhellung

5.7.3   Lampe 3: Die Spitze

Ein Gesicht ist mit diesen zwei Lichtquellen an sich schon perfekt ausgeleuchtet. Doch einen Haken hat die Szenerie noch: So hebt sich das Gesicht, also der Vordergrund, nicht vom Hintergrund ab. Jetzt könntest du stundenlang mit zusätzlichem Licht den Hintergrund anders beleuchten als den Vordergrund, was manchmal auch nötig sein kann. Aber im Normalfall hilft eine einzige Lampe: die Spitze. Diese richtest du von schräg hinten auf den Protagonisten. Das erzeugt einen hellen Reflex, eine Kante auf Haaren, Haut und Kleidung, die so ganz einfach Vorder- von Hintergrund trennt.

Spitze

Für knapp hundert Euro bekommst du heute übrigens schon ein brauchbares Lichtset. So ein Set besteht dann aus drei Lampen mit Softboxen. Sie haben als Lichtquelle relativ starke Energiesparlampen mit 50 Watt und durch eine Art Kasten, der vorne mit einem weißen lichtdurchlässigen Gewebe bespannt ist, erzeugen sie ein sehr weiches Licht.

Lampe mit Softbox von walimex pro

Unser Videotipp

Adventure Of A Lifetime - Coldplay (acoustic cover video)

35.916 Aufrufe

👍 1.020   👎 12   ↗ TEILEN   ⊞+   ...

Michael Schulte ✓
Veröffentlicht am 07.12.2015

195.000 ABONNIEREN

6 Der richtige Dreh

6.1 Vorbemerkung zum richtigen Dreh

Wenn du dieses Kapitel liest, solltest du eines beachten: Hier werden dir zahlreiche Regeln erklärt, die sich in hundert Jahren Filmgeschichte als perfektes Handwerkszeug für den Filmdreh herauskristallisiert haben. Aber Regeln sind auch zum Brechen da! In vielen Fällen wirst du es bereuen, weil diese Regeln natürlich ihren Grund haben, aber in einigen Situationen kann es auch gut sein, davon abzuweichen. Große Regisseure sind dabei allerdings auch schon grandios gescheitert. Wir finden zum Beispiel, dass *Der Himmel über Berlin* von Wim Wenders mit der Regel gebrochen hat, dass Filme nicht zugequatscht werden und Sätze in Filmen nicht zu lang sein sollten. Der Film gehört zwar nicht in den Mülleimer der Filmgeschichte, aber es ist einer der wenigen Filme, die wir kennen, aus dem die Zuschauer protestierend rausgegangen sind. Wim Wenders hatte Peter Handke, den Erfinder des Bandwurmsatzes, als Textautor engagiert. Das ging dann leider etwas schief.

Und noch eins: Der Film entsteht im Kopf! Bevor du zur Kamera greifst, solltest du genau wissen, was du vorhast! Nur so wird der Film eine Form, eine Haltung und überhaupt etwas haben, was ihn von anderen unterscheidet. Wenn du nur drauflosfilmst und nachher beliebig zusammenschneidest, wird wahrscheinlich niemand deinen Film sehen wollen. Du solltest dich auch mit möglichst kritischen Leuten umgeben. Was nutzen dir Freunde, die ständig sagen, wie toll du bist, dir aber nicht erklären können, warum deine Videos immer nur von zwölf Leuten angesehen werden. Lies dieses Kapitel also sehr aufmerksam durch. Und wenn du mal Probleme hast, kannst du ja hier nachschlagen.

6.2   Einstellungsgrößen

In den 50er- und 60er-Jahren des letzten Jahrhunderts eröffnete die Einführung
des Zoomobjektivs in den Massenmarkt den Fotografen vollkommen neue Perspektiven – und das im wahrsten Sinne des Wortes. Ohne das Objektiv wechseln
zu müssen, konnte eine passende Brennweite gewählt und damit der Bildausschnitt, also die Einstellungsgröße, verändert werden. Für Filmkameras wurden
erst später Zoomobjektive konstruiert. Stattdessen gab es lange Zeit sogenannte
Objektivrevolver, bei denen mehrere Objektive auf einer Drehscheibe montiert
waren, über die die jeweilige Brennweite vor den Verschluss gedreht werden
konnte.

Objektivrevolver

In den 70er-Jahren wurden die Zoomobjektive dann auch in Filmkameras eingebaut, nachdem ihre Qualität so gesteigert worden war, dass auch während des
Filmens die Brennweite verändert werden konnte. Es brach eine wahre Zoom-
Epidemie aus, die sich bis zu den sogenannten *Reißzooms* auf den Protagonisten
steigerten, um die Dramatik noch weiter zu überhöhen. Heute sind solche »Zoom-
fahrten« bei Kameraleuten verpönt. Stattdessen ziehen es die Filmer heute vor, mit
einem *Dolly*, einem Kamerawagen, auf das Motiv zu- oder von ihm wegzufahren,
da die Veränderung der Kameraposition und die Bewegung im Raum weitaus
hochwertiger wirken und einen deutlich höheren *Production Value*, also Produktionswert, bieten.

Trotzdem bleibt ein erheblicher Vorteil des Zoomobjektivs unbestritten: Ohne großen Aufwand kann die Brennweite verändert werden und somit auch der Bildausschnitt, der von Profis *Einstellungsgröße* genannt wird. Diese ist entscheidend bei jedem Dreh. Sie kann sehr effektiv eingesetzt werden, um die Dramaturgie zu unterstützen.

6.2.1 Totale

Die Totale ist der *Establishing Shot*, also die Einstellung, die einen Überblick über den Ort der Szenerie geben soll. Sie wird meistens zu Beginn einer Szene gezeigt, um dem Zuschauer eine Orientierung zu geben. Und in die Totale wird auch immer wieder zurückgesprungen, wenn eine neue Orientierung nötig ist. Durch den sehr weiten Ausschnitt bietet sie oft geringe Gestaltungsmöglichkeiten. Wird allerdings eine ungewöhnliche Kameraperspektive gewählt, können auch hier spannende Einstellungen gefunden werden.

Totale Einstellung

6.2.2 Halbtotale

Die Einstellung Halbtotale zeigt die *Protagonisten*, also die Darsteller, in jedem Fall von Kopf bis Fuß, wobei der Unterschied zur Totalen hier mehr oder weniger groß ist. Entscheidend ist, dass in dieser Einstellung die Beziehungen der Protagonisten zueinander gezeigt werden.

Halbtotale Einstellung

6.2.3 Amerikanische

Die Amerikanische zeigt die Darsteller nur noch von Kopf bis einschließlich Hüfte, an der sich in den amerikanischen Western immer der Revolver befand. Dort war sie klares Anzeichen dafür, dass demnächst geschossen wird, und wurde dramaturgisch entsprechend in den Szenen eingesetzt. Auch ohne Revolver wird sie heute noch gerne verwendet.

Amerikanische Einstellung

6.2.4 Halbnahe

Die halbnahe Einstellung ist ein Brustbild bis etwa zur Hüfte der Darsteller, die selbst aber nicht mehr im Bild ist. Sie wird meistens bei Dialogen oder Interviews eingesetzt. Am Drehort wird in solchen Situationen oft nur noch die Anzahl der Personen im Bild genannt: »Mach mal 'ne Zweier!«, heißt es zum Beispiel. Das gilt meist für die Halbnahe oder die Amerikanische, je nachdem, in welche Einstellungen die Szene aufgelöst wird.

Halbnahe Einstellung

6.2.5 Nahe

Bei der nahen Einstellung sind die Brust und der Kopf des Darstellers zu sehen. Kommt es zum Beispiel in Dialogen mehr auf die Mimik der Darsteller an, wird diese Einstellung gewählt.

Nahe Einstellung

6.2.6 Großaufnahme

Sie ist eine Steigerung der nahen Einstellung. Während bei der Nahen noch zwei Protagonisten ins Bild passen, ist hierbei lediglich ein Kopf zu sehen. Die Mimik kann so noch deutlicher gezeigt werden.

Großaufnahme

6.2.7 Detail

Die Aufmerksamkeit wird gezielt auf ein Detail gelenkt. So werden beispielsweise nur die Augen oder sogar nur ein Auge gezeigt, das Zucken eines Mundwinkels oder der Finger am Abzug. Emotionen, die in anderen Einstellungsgrößen vielleicht nicht zum Ausdruck kämen, werden hier deutlich.

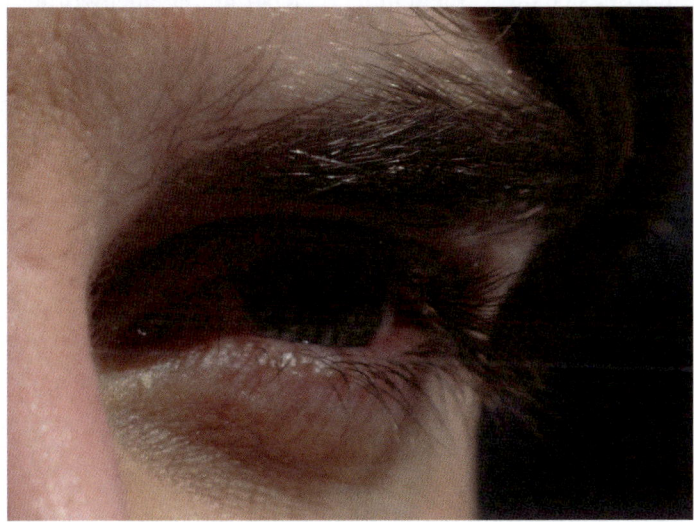

Detailaufnahme

Entscheidend für den Wechsel zwischen den Einstellungen ist der Wechsel der Kameraposition. Du solltest nie aus ein und derselben Position einen *Ransprung* drehen, also zum Beispiel den Wechsel von der Halbtotalen in die Halbnahe durch nur einen Schnitt. Das Bild wird dann immer springen, da durch den Umbau, wie kurz er auch sein mag, immer ein Anschlussfehler entsteht, weil sich der Protagonist ein wenig bewegen wird. Wechselt dagegen die Perspektive (mehr von rechts, links, oben oder unten), ist der Zuschauer nicht mehr in der Lage, solche Anschlussfehler zu erkennen, während sie ihm bei gleicher Kameraposition nahezu ins Auge springen.

6.3   Perspektiven

Du hast es sicher schon mal selbst erlebt: Du siehst einen Film und plötzlich hast du das Gefühl, dass der Protagonist, also die Hauptfigur im Film, beobachtet wird. Eine solche Wirkung kannst du gezielt mit einer Perspektive erreichen. Das Gefühl, beobachtet zu werden bzw. zu beobachten, erreichst du zum Beispiel mit einer Einstellung, bei der sich die Kamera immer wieder hinter einen Vordergrund, zum Beispiel die Zweige eines Baumes, bewegt. Durch diese *Beobachtungsperspektive* erzielst du diese beklemmende Wirkung, die den Zuschauer sofort packt. Genau genommen ist diese Perspektive gar keine Lehrbuchperspektive, sondern eine Sonderform, die *subjektive Kamera*, in der die Kamera die Perspektive eines Protagonisten einnimmt.

Augenhöhe

Augenhöhe ist die Normalperspektive in einem Video und wird in den allermeisten Fällen benutzt. Sie ist neutral und gibt dem Zuschauer das Gefühl, mit der Hauptperson auf Augenhöhe zu sein und am Geschehen teilzunehmen. Wie neutral diese Einstellung ist, merkst du an Filmen wie *Zurück in die Zukunft*. Hättest du geahnt, dass der Hauptdarsteller Michael J. Fox nur 1,62 Meter groß ist? Die Neutralität dieser Einstellung ist von großer Bedeutung. Die Kameraarbeit schiebt sich nicht in den Vordergrund und du denkst als Zuschauer nicht darüber nach. Mit der Wahl einer anderen Perspektive ändert sich das.

Augenhöhe

Vogelperspektive

Hier nimmt die Kamera einen Standpunkt über der Szene ein. Die Darsteller wirken klein und verletzlich. Sie wirken ganz klar als Verlierer oder zumindest potenzielle Verlierer. Eine solche Einstellung solltest du nur in Momenten der dramatischen Zuspitzung einsetzen, da sie ansonsten vordergründig werden kann. Der Zuschauer sollte möglichst »im Film bleiben« und nicht durch Technik oder Gestaltung abgelenkt werden.

Vogelperspektive

Froschperspektive

Hier schaut die Kamera von unten auf den Protagonisten. Jetzt ist er der Held! Umso tiefer die Position der Kamera, umso überspitzter ist diese Einstellung, was auch umgekehrt für die Vogelperspektive gilt. Beide Einstellungen können auch nur ganz leicht und damit hintergründig eingesetzt werden, sodass es der Zuschauer kaum merkt. Du wirst sehen, dass selbst eine leichte Frosch- oder Vogelperspektive schon ihre Wirkung hat. Am spannendsten sind natürlich beide Einstellungen, wenn sie gegeneinander geschnitten werden und so die Dramatik stark überhöht wird. Wenn du Lust hast, kannst du ja mal etwas experimentieren. Eine Szene könnte zum Beispiel eine Kampfszene sein, in der der vermeintliche Verlierer am Ende gewinnt, sich also die Perspektiven am Ende umdrehen, wenn der Starke am Boden liegt. Oder du drehst einfach nur eine Mutter, die mit ihrem Kind schimpft.

Froschperspektive

6.4   Achssprung

Willst du den Zuschauer nicht verwirren, solltest du diesen Abschnitt immer wieder lesen und schließlich vorwärts und rückwärts beten können. Kennst du dich nicht mit dem Achssprung aus, werden sich die Zuschauer in deinem Film nicht zurechtfinden. Sie sind verwirrt und sehen sich dein Video nicht zu Ende an. In der Praxis ist das Problem des Achssprungs oft so komplex, dass du schon Experte sein musst, um eine Szene richtig aufzulösen, d. h. die richtigen Kamerapositionen auszuwählen. Wenn du dabei den Achssprung nicht beachtest, kann es dir passieren, dass sich deine Darsteller nach dem Schnitt im fertigen Video gar nicht mehr ansehen, sondern im wahrsten Sinne des Wortes aneinander vorbeireden.

Regel 1: Immer auf einer Seite der Achse bleiben!

Weil das Thema etwas kompliziert ist, fangen wir mit einem einfachen Beispiel an. Zwei Menschen unterhalten sich. Die gedachte Achse verläuft zwischen den beiden Personen. Diese Linie darfst du mit der Kamera nicht überschreiten! Du darfst dich nur auf einer Seite der Linie positionieren: Entweder du stehst links oder rechts von der Linie.

Wenn du den Dialog so auflöst und beide Protagonisten so filmst, schauen sie sich nachher im fertig geschnittenen Film an. Der eine schaut nach rechts, der andere nach links. Hättest du die Achse überschritten, dann würden beide zum Beispiel nach links aus dem Bild schauen und nicht mehr mit ihrem Gegenüber, sondern ins Leere sprechen. Das ist für den Zuschauer total irreführend. Er würde die Aufmerksamkeit verlieren.

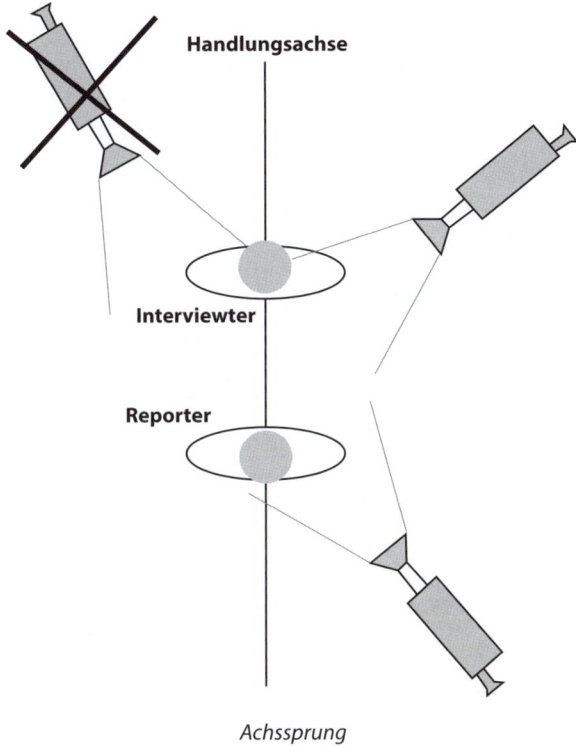

Handlungsachse

Interviewter

Reporter

Achssprung

Regel 2: Es gibt immer (mindestens) eine Achse!

Nicht immer agieren in einer Szene zwei Personen miteinander (aber sehr oft). Trotzdem gibt es immer eine Achse! Manchmal musst du etwas länger suchen. Filmst du zum Beispiel einen Menschen, der wegläuft, existiert sogar eine verlängerte Achse: Sie verläuft von dem Punkt, von dem er losläuft, durch ihn hindurch zu seinem Ziel. Ein weiteres Beispiel: Ein Mensch schaut eine Blume an. Die Achse verläuft vom Menschen zur Blume. Es gibt also immer eine Achse, natürlich in unendlich vielen Variationen.

Regel 3: Mach es dir einfach!

Filmst du zum Beispiel eine Gruppe mit fünf Personen, die sich unterhalten, begib dich mit deiner Kamera besser nicht in die Mitte dieses Personenkreises. Zwischen allen Beteiligten gibt es Achsen und du stehst so mitten in dem Schlamassel und wirst dich schnell in den Achsen verheddern. Wenn du es unbedingt tun willst, musst du dieses Gespräch vor dem Dreh haarklein auflösen. Grundregel: Die Protagonisten müssen sich immer ansehen.

Einfacher geht es, wenn du sie im Halbkreis vor dir aufstellst und sich alle Achsen vor deiner Kamera befinden. So werden alle Achsen immer richtig verlaufen.

Regel 4: Sonderregeln

Und du kannst doch über die Achse gehen! Damit soll aber nicht gesagt sein, dass alles Müll ist, was du vorher gelesen hast. Eine Möglichkeit: Du überschreitest mit der Kamera die Achse. Der Zuschauer muss nur erkennen, wie sich die Kamera – zum Beispiel hinter dem Rücken eines Darstellers – über die Achse bewegt. Dann kann er nachvollziehen, warum sich die Blickrichtungen in den kommenden Einstellungen geändert haben. Eine weitere Möglichkeit: Du schneidest in eine Einstellung, die genau in der Achse gedreht worden ist. Das heißt, die Kameraposition ist genau auf der Achse und die Blickrichtung der Kamera verläuft entlang der Achse. Bei einem Dialog könntest du zum Beispiel in die subjektive Kameraeinstellung einer der beiden Darsteller schneiden, die sich ansehen. Danach kannst du eine Kameraposition auf der anderen Seite der Achse einnehmen. Und eine dritte Möglichkeit: Du zeigst ein Detail, bei dem die Achse nicht zugeordnet werden kann. Der Zuschauer verliert die Orientierung und du kannst auf die andere Seite der Achse wechseln.

Regel 5: Die Ausnahmeregel

Du kannst alle diese Regeln über Bord werfen, wenn du den Zuschauer irritieren willst. Wenn du zum Beispiel einen Menschen zeigen möchtest, der sich im Wald verirrt hat, kannst du seine Verwirrung perfekt in Bilder umsetzen, indem du immer wieder über die Achse springst. Aber mache das immer mit Sinn und Verstand, sonst wird der Zuschauer deinem Video irgendwann nicht mehr folgen können.

6.5   Dramaturgie

Entscheidend bei jedem Video ist die Dramaturgie. Damit ist ein Handlungsmuster gemeint, das sich schon über Tausende Jahre bewährt hat. Und das sieht so aus:

1. Exposition
2. Ereignis/Aufbau des Konflikts
3. Klärung/Höhepunkt oder Tiefpunkt der Hauptperson
4. Wende
5. Happy End oder Untergang der Hauptfigur

Damit wäre ja dann alles gesagt. Vielen Dank für das Gespräch!

Aber weit gefehlt! Dramaturgie ist ein weites Feld, das Regisseure, Autoren, Dramaturgen usw. jahrelang studieren müssen. Außerdem kann dieses Korsett zum Beispiel auf journalistische Formate nur äußerst bedingt angewendet werden. Auf jeden Fall solltest du es in Fleisch und Blut übergehen lassen. Denn dann entdeckst du dieses Grundmuster immer öfter in deinen erfundenen oder auch realen Geschichten und kannst es in die Erzählweise deines Videos einfließen lassen. Wir konzentrieren uns hier allerdings auf das absolut Nötigste! Arbeitest du dich tiefer in das Thema ein, kannst du hier noch einiges verfeinern. Wir glauben aber, dass dir dieses vereinfachte Konzept gerade für deine YouTube-Videos sehr gut weiterhilft.

Wichtig ist, den Zuschauer neugierig zu machen und ihn in das Thema einzuführen. Das fängt schon mit dem Titel und dem Thumbnail auf YouTube an. Der Titel muss Neugier erzeugen, das Thema anreißen, darf jedoch nicht verraten, wie die Geschichte ausgeht. Auf YouTube gibt es aber oft eine Ausnahme von dieser Regel: Gerade weil im Titel steht, was passiert, wird das Video gesehen! Aber Vorsicht! Das gilt vor allem bei spektakulären Nachrichtenvideos. Hier ist der Zuschauer gespannt, wie das, was im Titel angekündigt wird, dann in Realität aussieht. Da gelten die alten Nachrichtenregeln: »Mann beißt Hund!«, das will jeder sehen, doch »Hund beißt Mann!« wird nicht viele Klicks bekommen. Anders ist das aber bei deinen eigenen Videos. Wenn es heißt: »Alex tanzt lustig vor der Kamera!«, wird es niemand sehen wollen. Im Titel ist alles verraten und der Zuschauer kann sich schon vorstellen, was da passiert. Nennst du das Video stattdessen: »LOVE DESASTER – Kriegt Alex Kati rum?«, macht das neugierig. Schon im Titel ist die Herausforderung als ein Teil der Einführung erklärt. Wenn das Thumbnail jetzt noch ein Hingucker ist, dann hast du den ersten Schritt zu deinem Zuschauer getan!

Drehbuchlehre

In der Drehbuchlehre ist das Muster der Dramaturgie auf drei Akte reduziert worden. Hollywood-Filme werden nahezu immer nach diesem Muster gedreht. Diese Dramaturgie berücksichtigt die diversen Veränderungen vom Grundmuster der Dramaturgie, das in der Antike entwickelt wurde. Ein Film – und ein YouTube-Video umso mehr – muss den Zuschauer fesseln. Er darf gar nicht auf die Idee kommen, umzuschalten bzw. die Seite mit dem Video zu verlassen. Hierzu wurde die Dramaturgie einerseits verfeinert und andererseits vereinfacht.

Goldener Schnitt

Für die Dramaturgie eines Videos und seine Aufteilung in fünf bzw. drei Akte bildet der Goldene Schnitt die Basis, das vom Menschen als das harmonisch angesehene Verhältnis von Zeit- oder Längenachsen. Wenn es sich um zwei Strecken handelt, beispielsweise das Seitenverhältnis von Länge zu Breite in einem Rechteck, verhält sich die größere zur kleineren Strecke wie die Summe beider Strecken zur größeren. So steckt der Goldene Schnitt auch in zahlreichen Bild- und Papierformaten, die ein Seitenverhältnis von 2:3 aufweisen, wie es bei einem Kleinbildnegativ, dem Fotopapierformat 10 × 15 cm oder allen A-Papierformaten von A6 bis

A0 der Fall ist. Der Goldene Schnitt findet aber auch in der Dramaturgie seine Anwendung. Eine Aufteilung in fünf und drei Akte spiegelt dieses Verhältnis in der zeitlichen Abfolge wider. Auch bei der Bildgestaltung wird es von Malern, Fotografen und Kameramännern eingesetzt. Ein hervorragendes Beispiel liefert der Film *Panzerkreuzer Potemkin* von Sergej Eisenstein, der zum Beispiel Kameraeinstellungen durch ein Geschütz wählt, um das Bild mit zwei Kanonenrohren zu dritteln.

Goldener Schnitt in »Panzerkreuzer Potemkin«

Drehbuchschema

Das heute gültige Drehbuchschema ist ein wenig wie Malen nach Zahlen. Letztlich gibt es exakt definierte Platzhalter, die du nach Belieben mit Inhalten füllen kannst.

Im ersten Akt wird der Werkzeugkasten der Geschichte vorgestellt. Das sind zum einen die Hauptfiguren, dann das äußere (große) Problem (Rettung der Welt) und das innere (persönliche) Problem der Hauptfigur. Im ersten Akt wird die Hauptfigur zur Lösung des äußeren Problems gerufen. Sie weigert sich. Allerdings wird der Druck auf die Hauptfigur so groß – oder ein Wendepunkt in der Geschichte lässt ihr keine andere Wahl –, sodass die Hauptfigur ihre Heldenreise (Antike) antritt.

Im zweiten Akt kommt es zur Konfrontation. Die Hauptfigur muss sich mit dem Problem auseinandersetzen und versucht, Wege zur Lösung zu finden. Dabei erreicht die Handlung den zentralen Punkt. Dieser ist der wichtigste Wendepunkt in der Geschichte, in der Mitte dieses zweiten Aktes. Hier sieht es zunächst so aus, als würde der Held sein äußeres Ziel erreichen, aber er scheitert. Jetzt wird der Hauptperson ein Schlüssel an die Hand gegeben, mit dem sie das Problem vielleicht lösen kann. Dies kann eine Idee, eine Information, ein Gegenstand, eine Person oder etwas Ähnliches sein. Damit kann sie das Problem gezielt angehen. Wichtig in diesem Akt: Die Konfrontation von Gut und Böse muss immer dramatischer werden! Für die Einleitung des dritten Aktes gibt es am Ende des zweiten Aktes noch mindestens einen weiteren Wendepunkt, der die Tür zum Showdown öffnet.

Im dritten Akt kommt es dann zur Auflösung, bei der die Hauptfigur mit dem/der am zentralen Punkt erworbenen Gegenstand/Information/Person das Problem lösen will. Allerdings muss sie zuerst noch ihr inneres Problem lösen. Erst dann kann sie auch das äußere Problem lösen. Das geschieht und es kommt zur Auflösung, der sich das Happy End mit Kussszene, Siegesfeier oder Ähnlichem anschließt.

In der Praxis sieht das Malen nach Zahlen dann so aus:

Titel: Zwei wie Katz und Maus

Zwei Brüder, Peter und Max, streiten sich immer wieder. Max ist älter und verprügelt andauernd seinen Bruder. Der weiß weder ein noch aus. (Das waren die Hauptpersonen und der Konflikt.) Der Held ist Peter, der sich nicht zu wehren traut (inneres Problem) und immer von seinem Bruder verprügelt wird (äußeres Problem). Das liegt auch daran, dass Peter ein neunmalkluger »Professor« und Bastler ist, während Max eher sportlich unterwegs ist. Christian, Peters bester Freund, drängt ihn immer wieder, sich doch gegen seinen Bruder zu wehren. Doch Peter hat Angst und weiß keine Lösung. Inzwischen hat Max einige gewalttätige Freunde hinzugewonnen, die Schutzgeld von ihm erpressen. Eines Tages hat Peter kein Geld mehr und es droht ihm eine furchtbare Tracht Prügel. So in die Enge getrieben, lässt sich Peter von Christian doch dazu überreden, sich zu wehren.

Im zweiten Akt überlegen sich Peter und Christian, wie sie gegen die Gang bestehen können. Durch einen cleveren Trick von Peter wollen sie Max und seinen Freunden eine Lektion erteilen. Doch nachdem es erst so aussieht, als würde der Trick funktionieren, geraten sie in einen Hinterhalt und werden von der Gang übel zugerichtet. Peter möchte seinen Bruder jetzt endlich alleine zur Rede stellen. Als er ihn aufsucht, beobachtet er eine seltsame Szene: Sein Bruder trifft einen Mann, der ihn übel beschimpft und dem sein Bruder Geld zahlt. Peter und Christian beschließen, dem Bruder zu helfen, obwohl er so brutal zu ihnen gewesen ist.

Sie erfahren (mithilfe von Peters genialen Basteleien), dass der Mann Peters und Max' leiblicher Vater ist, den Peter nie kennengelernt hat und der Max unter Androhung von Prügel erpresst. Dabei geraten sie in eine viel schlimmere Situation, in der sie von dem Mann angegriffen werden. Das ist hochdramatisch, weil dieser Mann ja noch viel gefährlicher als der Bruder ist. Sie können sich retten und beschließen, Max zu helfen.

Im dritten Akt überwindet Peter seine Scheu, sich zu wehren, indem er eine geniale Apparatur baut, mit der er den Vater bekämpfen kann. Es kommt zum Showdown, bei dem beide den Vater überwältigen, ihn eines üblen Verbrechens überführen und es zur Versöhnung zwischen den Brüdern kommt.

Diese Geschichte ist ganz bewusst in wenigen Minuten nur so runtergeschrieben. Trotzdem zeigt sie deutlich, wie einfach das Prinzip funktioniert. Du kannst die Hauptfiguren, den Konflikt usw. austauschen und erhältst immer wieder neue Geschichten. Auf jeden Fall liefert sie dir einen Werkzeugkasten, mit dem du eine dramaturgische Struktur in dein Video bekommst.

Schreibe es auf!

Damit du beim Dreh nicht im Chaos versinkst, musst du dir genau aufschreiben, wie dein kompletter Film aussehen soll. Hierfür gibt es mehrere Möglichkeiten. So gibt es das Storyboard, bei dem du zusätzlich noch kleine Bilder mit Kameraeinstellungen zeichnest. Es gibt das Drehbuch, das außer den Dialogen auch schriftliche Anweisungen für die Handlung und die Kameraeinstellungen enthalten kann. Wie du es machst, bleibt dir überlassen. Es reichen auch handgeschriebene Schmierzettel. Umso länger und komplexer dein Video allerdings wird, desto genauer musst du es aufschreiben. Wenn du nämlich den Überblick über dein Projekt verlierst, hilft dir nur noch das weiter, was du aufgeschrieben hast. Wenn dir kein Denkfehler unterlaufen ist und du dich diszipliniert an deine Aufzeichnungen hältst, wird nachher im Schnitt auch alles passen. Andernfalls kann es passieren, dass du eine Szene vergisst und deine Dramaturgie nicht mehr funktioniert.

6.6   Location

Entscheidend für einen Film ist sein Aussehen. Dabei musst du bedenken, dass der Drehort, in der Filmsprache Location genannt, oft einen großen Teil des Bildes ausmacht. Das bedeutet, dass du die Umgebung, den Schauplatz deiner Szenen, sehr sorgfältig auswählen musst. Sie muss zum Film passen und seine Stimmung, Dramaturgie usw. unterstützen.

Nimm dir also eine Menge Zeit, um die richtigen Orte zu finden. Beispielsweise sollte eine alte Frau in keiner x-beliebigen Küche kochen, sondern die Räumlichkeit sollte zum Beispiel im Stil der 50er-Jahre eingerichtet sein. Umgekehrt musst du eine junge reiche Familie beim Kochen in einer entsprechend modernen und hochwertigen Küche zeigen. Wichtig ist, dass die Drehorte plausibel sind und etwas über deine Figuren erzählen – und die Handlung mit nach vorne treiben.

Wie immer gilt natürlich auch hier: Ausnahmen bestätigen die Regel. In Sketchen kannst du z. B. genau das Gegenteil machen und beispielsweise einen noblen Grafen unter einer Brücke neben Obdachlosen zeigen usw. Oder deine Themen sind so universell, dass der Spielort nur eine untergeordnete Rolle spielt. In jedem Fall solltest du aber über das Thema nachdenken.

6.7 Kleidung

Vorsicht bei der Kleidung deiner Darsteller! Achte darauf, was vor der Kamera getragen wird. Zum einen soll es natürlich gut aussehen und zum Inhalt passen. Zum anderen musst du die Kleidung besonders sorgfältig auswählen, da Auflösung und Datenkomprimierung zu seltsamen optischen Effekten führen können. Ein Fehler, der häufig begangen wird, wenn du an verschiedenen Drehtagen drehst, die Handlung jedoch am selben Tag spielt, ist: Deine Darsteller kommen mit unterschiedlichen Klamotten und du hast ein Anschlussproblem, d. h., deine Darsteller tragen in der gleichen Szene unterschiedliche Kleidung. Das solltest du zumindest bei deinen Hauptdarstellern vermeiden. Bei Komparsen im Hintergrund fällt es vielleicht nicht auf.

Moiré

Moiré nennt man ein optisches Phänomen, das aufgrund von Interferenzen zwischen einem gerasterten Muster und der Auflösung des Sensors oder des Videoformats entsteht. Wenn dein Darsteller besonders klein gemusterte Kleidung trägt, kommt es zu ganz seltsamen, flirrenden Farbmustern, die sich aus einer Überlagerung dieses Musters mit der Pixelstruktur des Sensors oder des Videos ergeben. Zum Schluss können zusätzlich beim Komprimieren sehr unschöne Effekte erzeugt werden, sogenannte Artefakte. Vermeide deshalb klein gemusterte Kleidung! Dünne Streifen oder kleine Karos beispielsweise sind ungünstig. Der Stoff sollte auch nicht grob gewebt sein. Auch das kann ziemlich schlimm aussehen. Verwende uni oder grob gemusterte Stoffe. Große Karos oder großflächige Muster sind auch in Ordnung.

Verbotene Farben

Das klingt erst mal wie ein Scherz, aber es gibt Farben, die beim Videodreh nicht verwendet werden dürfen! Das sind die Farben, die videotechnisch außerhalb des Farbkreises liegen und deshalb bei analogem Video andere Signale beeinflussen könnten. Sie führen zu einer Übersteuerung. Beim analogen Video waren dies kleine schwarze Striche, die an Kanten auftraten und wie Fischschwärme aussahen. Beim digitalen Bild tritt dieser Effekt nicht mehr auf, dennoch gibt es Farben, die einfach nicht gut oder seltsam unnatürlich aussehen. Nicht selten sehen grelle Farben im Video ziemlich anders aus. Wenn du zum Beispiel Knallrot verwendest, solltest du vorher einen Test machen. Auch Weiß oder Schwarz sind schwierige Farben. Denn spätestens nach der Komprimierung ist meist keine Detailzeichnung mehr zu erkennen. So kann der Faltenwurf der Kleidung verschwinden, was sehr seltsam aussieht. Bei einem glatten T-Shirt ist das kein Problem. Doch wenn der Darsteller einen wallenden Mantel trägt und stattdessen nur eine schwarze, zeichnungslose Fläche zu sehen ist, wirkt das sehr unnatürlich.

6.8   Schnitt

Erst durch den Schnitt entsteht der Film. Das bedeutet nicht, dass immer wie wild geschnitten werden muss. Aber mit dem Schnitt hast du die Möglichkeit, mehr Tempo, Dynamik, Spannung und Komik in den Film einzubringen – oder auch nicht. Das hängt davon ab, wie gut dein Film im Kopf vorbereitet wurde und wie du ihn dann in ein Drehbuch, Storyboard o.Ä. niedergeschrieben hast. Und natürlich ist wichtig, wie gut du dich daran hältst. Einen Film ohne Schnitt zu drehen, ist nahezu unmöglich. Alfred Hitchcock hat es einmal gemacht. In dem Film *Cocktail für eine Leiche* gibt es kaum Schnitte. Der ganze Film spielt in einem Appartement und die Darsteller mussten am Stück zehn Minuten lang perfekt spielen. Danach musste die Filmrolle gewechselt werden. Dafür wurde die Kamera zum Beispiel hinter den Rücken eines Darstellers gefahren. Filme ohne Schnitt haben erhebliche Nachteile: Solange gedreht wird, darf nichts schiefgehen. Im schlimmsten Fall bedeutet dies, dass der komplette Film neu gedreht werden muss, wenn am Ende ein Fehler gemacht wird. Das Timing lässt sich nicht mehr verändern. Wenn du also beim Sichten feststellst, dass etwas zu lange dauert, kannst du es nicht mehr umschneiden. Alles muss in Echtzeit ablaufen. Du kannst nichts mehr herausschneiden, was vielleicht unwichtig ist. Wenn jemand zum Beispiel sieben Sekunden braucht, um zehn Meter durch einen Raum zu laufen, kannst du diese Zeitspanne nicht verkürzen. Es muss also auch Unwichtiges gezeigt werden. Und ich kann nicht manipulieren. In den Nachrichten ist das natürlich auch nicht gewünscht, aber wenn ich die Verwandlung vom Frosch zum Prinzen zeigen will, geht das mit einem Schnitt ganz einfach.

Ökonomisch drehen

Nicht selten sitze ich am Drehort und muss feststellen, dass etwas einfach nicht so klappen will, wie ich es mir vorgestellt habe. Nach dem x-ten Versuch breche ich meistens ab und spreche den Standardsatz: »Das machen wir mit einem Zwischenschnitt!« Das heißt, ich zerlege die Handlung in zwei Einstellungen und kaschiere den Umschnitt mit einem Zwischenschnitt. Ich möchte zum Beispiel drehen, wie ein Junge an einer zwei Meter hohen Wand hochspringt und drüberklettert. Auch beim zehnten Versuch klappt es nicht. Jetzt könnte ich noch stundenlang weiterdrehen. Wenn ihm nicht total die Puste ausgeht, schafft er es vielleicht sogar irgendwann. Aber ich kann durch eine Umstellung der Szene mir und dem Darsteller viel Zeit und Mühe ersparen. Ich drehe also den Jungen, wie er auf die Wand zuläuft und abspringt. Dann drehe ich ein Detail, das die Füße an der Wand hochkletternd zeigt. Dann wieder ein Detail, wie sich die Hände an der Mauerkrone festkrallen. Und schließlich filme ich von der anderen Seite der Mauer, wie er drüberklettert. Dabei ist nicht zu sehen, dass ihm eine Räuberleiter gehalten wird. Damit habe ich viel Zeit beim Dreh gespart und die Szene gewinnt durch die Schnitte noch zusätzlich an Dynamik.

Handlung verkürzen

Vieles im Alltag ist für einen Film vollkommen unwichtig. So gibt es zum Beispiel nur sehr wenige Filme, in denen Menschen auf die Toilette gehen. Selbst bei *24* geht Jack Bauer nie auf die Toilette! Gegessen wird auch nur selten, es sei denn, das gehört mit zur Handlung. Den Schnitt kannst du dafür nutzen, Überflüssiges herauszuschneiden. Vor allem Ortswechsel kürzt du mit Schnitt, egal ob jemand zu Fuß, mit dem Fahrrad oder dem Auto unterwegs ist. Es sei denn, die Strecke ist für die Handlung wichtig. Es fährt jemand los und kommt sofort an. Fertig! Niemand wird danach fragen, warum das so schnell gegangen ist.

Timing

Damit sind wir auch schon beim Timing. Mit dem Schnitt kannst du den kompletten Charakter einer Szene zeitlich verändern. Schneidest du eine Handlung langsam, also mit langen Einstellungen zwischen den Schnitten, kannst du damit unglaubliche Spannung erzeugen, wenn der Zuschauer eigentlich Tempo erwartet. Die gleiche Szene kannst du aber auch sehr schnell schneiden, sodass jede Sekunde ein Schnitt ist, oder noch schneller, sodass der Eindruck totaler Hektik entsteht, oder auch so, dass die Anschlüsse absichtlich nicht mehr stimmen und sogenannte *Jump Cuts* geschnitten werden.

Anschlüsse

Schon beim Dreh solltest du darauf achten, dass die verschiedenen Einstellungen zueinander passen. Denn nach der Fertigstellung sollte der Schnitt nicht ins Auge fallen (außer das ist beabsichtigt). So musst du alles so drehen und schneiden, dass eine Handlungslogik erhalten bleibt. Dabei helfen Naheinstellungen oder Details weiter (beim Dreh dran denken!). So geschnittene Szenen erscheinen plausibel, auch wenn das Gezeigte in Wirklichkeit vielleicht gar nicht möglich ist. Auf diese Weise kann zum Beispiel jemand über eine Mauer klettern, die er in Wirklichkeit gar nicht überwinden könnte (siehe oben).

Bewegung

Ein guter Anlass für einen Schnitt ist eine Bewegung. Dafür gibt es zwei Gründe. Zum einen kaschiert die Bewegung Anschlussfehler, da sie die Orientierung ein wenig stört und bei Beginn der Bewegung niemand weiß, wohin sie führt. Zum anderen ist der Schnitt dadurch kaum noch wahrnehmbar. Dabei darfst du an die Bewegung keine wissenschaftlichen Maßstäbe anlegen. Der Schnitt ist richtig, wenn er nicht auffällt (probieren). Dabei ist es egal, ob die Bewegung anatomisch korrekt ausgeführt ist.

Manipulieren

Bei den vorherigen Punkten ist es schon ein wenig durchgeklungen: Mit dem Schnitt kann massiv manipuliert werden. Dinge können so dargestellt werden, wie sie nie passiert sind, auch vollkommen ohne Spezialeffekte. Allein durch gekonnte Zwischenschnitte kann der Eindruck eines Ereignisses simuliert werden, das so nie stattgefunden hat. Aber sei hierbei sehr vorsichtig: Du solltest nie etwas vortäuschen. Solche Manipulationen sind nur in Sketchen und erfundenen Geschichten erlaubt. Führst du deine Zuschauer einmal hinters Licht, werden sie dir nie wieder trauen!

Effekte

Selbst Schnittprogramme für Amateure sind heute mit Effekten gespickt. Benutze sie nicht! Natürlich haben auch wir schon bei Produktionen tief in die Effektekiste gegriffen, aber nur dann, wenn wir Clips für etwas schräge TV-Formate geschnitten haben. Effekte sind ansonsten erst mal verboten! Sie lenken von deinem Video ab und treten zu sehr in den Vordergrund. Wir haben bisher nur einen einzigen TV-Beitrag gedreht, bei dem Effekte sinnvoll eingesetzt werden konnten. Es war ein Beitrag über Sprayer, bei dem wir zahlreiche Übergänge und die Namen der Interviewpartner im Video gesprayt haben. Dabei sprühten wir selbst die Überblendungen als Schwarz-Weiß-Vorlage auf eine Pappe. Der Schnittplatz hat diese Schwarz-Weiß-Vorlage dann als Grundlage für die Bildüberblendungen verwendet. So hatten wir zum Thema passende, selbst gesprayte Wischblenden. Das ist der einzige sinnvolle Grund, Effekte einzusetzen: wenn sie den Inhalt, also die Atmosphäre oder die Handlung, unterstützen.

Ansonsten sind etwa Blenden noch so gerade genehmigt. Sie können zum Beispiel einen Zeitsprung oder einen Ortswechsel markieren. George Lucas hat das in *Star Wars* mit Wischblenden gelöst.

Darüber hinaus gilt natürlich auch hier die Ausnahmeregel! Das heißt, diese Regel muss nicht beachtet werden, wenn Effekte aus anderen Gründen passen sollten, zum Beispiel für ein richtig clippiges Video. Dann wünschen wir viel Spaß beim Effekte-Gemetzel!

Rhythmus

Wie beim Timing kann auch mit dem Schnitt ein Rhythmus über den ganzen Film gelegt werden. Und wie bei einem Musikstück kannst du langsamer oder schneller werden und damit die Stimmung beeinflussen.

Musik

Sie hängt eng mit dem Rhythmus zusammen. Wenn du Musik einsetzt, musst du dich mit dem Schnitt an ihr orientieren. Legst du erst nach dem Schnitt die Musik unter den fertigen Film, kann das Ergebnis schlimm ausfallen. Das ist nicht zwingend so, aber sehr wahrscheinlich! Deshalb schneidest du am besten immer mit der Musik oder (noch besser) jemand komponiert dir die Musik passend zum Schnitt. Allerdings musst du danach zur Optimierung alles immer noch ein bisschen anpassen. So oder so muss sich der Rhythmus des Schnitts an die Musik anlehnen. Wie ein lautloses Schlagzeug gibt der Schnitt den Takt vor und muss dabei weitgehend im Rhythmus bleiben. Dabei kannst du genau auf den Takt schneiden, also immer mit dem Schlag. Oder du kannst gegen den Takt, also asynkopisch, wie der Musiker sagt, schneiden. Dann liegt der Schnitt zwischen den Schlägen. Du wirst auch die Erfahrung machen, dass du manchmal nicht ganz genau schneiden kannst, weil die Bildfrequenz von 25 Bilder/Sekunde bei Video für genaue Tonschnitte zu grob ist. Wir sind auch Anhänger des organischen Musikschnitts. Das heißt, der Schnitt liegt nie genau auf dem Takt, weil das auf Dauer leblos wirkt. Eine kleine Ungenauigkeit lässt den Schnitt leben. Deshalb hören sich gute Schlagzeuger auch nicht wie Drumcomputer an. Und so bekommt auch der Schnitt Seele.

Musik ist ja so ein Problem auf YouTube. Wir behandeln das Thema nachher noch im Abschnitt zum Urheberrecht. Du musst auf jeden Fall Musik auswählen, die du auch verwenden darfst. Es gibt da immer mehr Quellen, die kostenlos Tracks zur Verfügung stellen. Aber vielleicht hast du auch im Freundeskreis einen begabten Musiker, der dich mit Musik versorgen kann. Oder suche mal auf YouTube, da gibt es zahlreiche Kanäle unter *Musik*, deren Komponisten nur darauf warten, dass ihre Musik in »richtigen« Videos verwendet wird.

Freie Musik

Zahlreiche Seiten bieten inzwischen auch Musik an, die du vollkommen kostenlos und legal verwenden kannst. Hier stellen Musiker ihre Musik für nicht kommerzielle Werke zur Verfügung. Du solltest hier die Bedingungen genau lesen, da dann zum Beispiel der Komponist im Abspann, Info-Text oder an ähnlicher Stelle deines Videos genannt werden muss. »Nicht kommerziell« bedeutet auch, dass du mit diesen Videos nie Geld verdienen darfst und so auch nie am Partnerprogramm teilnehmen kannst, da das eine kommerzielle Nutzung wäre. Auf YouTube gibt es übrigens eine immer größer werdende Musikbibliothek, die du kostenlos in deinen Videos verwenden darfst, auch wenn die Titel kommerziell sind. Viele Multichannel-Netzwerke bieten ihren Partnern auch Zugang zu verschiedenen Musikdatenbanken an. Dort können Musik und Soundeffekte dann heruntergeladen und in den eigenen Videos verwendet werden. Du kannst dich auch selbst bei diesen Libraries anmelden und gegen einen Monats- oder Jahresbeitrag deren Musik für deine Videos kommerziell nutzen.

Jamendo
http://www.jamendo.com/de/

Incompetech
http://incompetech.com/

Entscheidend bei der Verwendung von Musik: Sie kann das Wichtigste an deinem Video sein und die Richtung eines Filmes vollkommen verändern. Langsame Klaviermusik in Moll versetzt den Zuschauer in eine melancholische Stimmung. Ist es ein schneller Technotitel, vermittelt er Hektik und Stress. Ein funkiger Poptitel transportiert gute Laune usw. Mit Musik kannst du unglaublich viel bewirken. Probier es einfach mal aus!

Seit einiger Zeit ist auch möglich, Musik und Soundeffekte direkt von YouTube selbst einzubinden. Im Creator Studio findest du den Reiter *Audio-Bibliothek*. Hier kannst du dir passende Musik für dein Video aussuchen. Neben den Musikstücken gibt es auch Soundeffekte, mit denen du dein Video neu vertonen kannst, wenn der Atmo-Ton der Originalaufnahme nicht ganz dem entspricht, was du dir vorgestellt hast. Daneben gibt es Effekte, die du beim Dreh selbst nicht aufnehmen kannst, wie zum Beispiel ein Drumroll, um die schlechte Pointe eines Witzes zu betonen.

Beachte allerdings, dass du die Musik nur auf YouTube benutzen darfst. Jeder Urheber legt selbst fest, was mit den Stücken passieren darf. So kann es zum Beispiel sein, dass Werbung in deinem Video geschaltet wird, da dies die Bedingungen für die Nutzung eines bestimmten Stückes sind. Dann werden diese Werbeeinnahmen mit dem Urheber geteilt.

Oft musst du auch mitangeben, wer die von dir verwendete Musik komponiert hat. Am besten schaust du dir bei jedem Stück genau an, welche Bedingungen für die Musikstücke gelten, die du einsetzen möchtest.

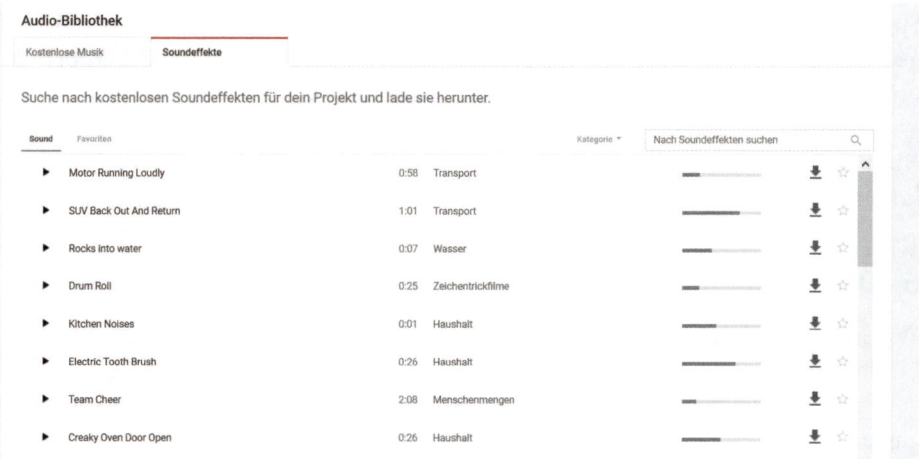

Die Audio-Bibliothek von YouTube

Ton

Natürlich kannst du den Ton einfach mit dem Bild schneiden. Das ist vollkommen okay und bietet sich oft an. Meistens reicht es auch völlig aus. Wenn du aber ein bisschen mit dem Ton experimentierst, kannst du verblüffende Effekte erzielen. Allein das Vorziehen des Tones aus einer Szene kann eine unglaubliche Wirkung haben. So kann zum Beispiel ein drohendes Unheil, wie ein Bagger, der auf den gefesselten Hauptdarsteller zurollt, noch spannender sein, wenn du erst das Geräusch hörst, dann die Panik in seinem Gesicht und anschließend den Bagger aus der Froschperspektive auf die Kamera zurollen siehst. Auch hier lautet unsere Empfehlung: herumprobieren!

6.9 Off-Stimme

Die Off-Stimme ist ein Mittel, um die Aufmerksamkeit des Zuschauers zu lenken oder die Gedanken eines Protagonisten »sprechen« zu lassen. Ganz wichtig: Verursache keine Text-Bild-Schere! Einerseits darf die Stimme nichts sagen, was im

Bild zu sehen ist. Das ist langweilig. Andererseits darf sie nichts sagen, was nicht zum Bild passt und dort keinen »Ankerpunkt« hat. Der Text muss in irgendeiner Weise mit dem Bild verknüpft sein, ohne es zu doppeln. Du kannst das perfekt bei der Tagesschau sehen. Da werden Bilder aus dem Bundestag gezeigt und der Sprecher redet über ein Steuergesetz: eine klassische Text-Bild-Schere! Du wirst feststellen, dass du dir nichts davon merken kannst. Wenn der Text dagegen im Bild verankert ist, wirst du dich ohne Probleme daran erinnern. Wir haben einmal einen Nachrichtenbeitrag über eine Aktionärsversammlung gemacht und jede Aussage mit einem Bild belegt. Um zum Beispiel die Dividende zu bebildern, also die Summe, die jeder Aktionär pro Aktie und Jahr bekommt, haben wir eine Hand gezeigt, in die exakt diese Summe gelegt wurde. Da passten Text und Bild perfekt und der Zuschauer konnte sich die Summe gut merken.

Wenn du zu deinem Video einen Off-Text sprichst, solltest du dir wirklich Mühe dabei geben. Nuscheln oder starker Dialekt (es sei denn, er ist beabsichtigt) kommen genauso wenig an wie monotones Ablesen oder Rumstottern.

6.10 Rechtliches

Wir sind natürlich keine Anwälte und können hier keine rechtsverbindlichen Auskünfte geben. Dieses Kapitel soll dir lediglich einen Überblick über die Rechtslage geben. Im konkreten Fall musst du immer einen Anwalt befragen oder sogar engagieren. In diesem Abschnitt werden allerdings die wichtigsten Rahmenbedingungen beschrieben, damit dieser Fall erst gar nicht eintritt!

6.10.1 Urheberrecht

Dass auf YouTube tolle TV-Ausschnitte zu finden sind, ist die eine Seite der Medaille. Die andere Seite ist, dass das Hochladen im Prinzip verboten ist. Die Rechtslage ist dabei sehr einfach: Der Urheber hat alle Rechte an seinem Film oder Video. Zum Beispiel besitzt George Lucas die Rechte an *Star Wars* und kein anderer. Dieses Urheberrecht ist auch unverkäuflich, denn George Lucas bleibt der Autor und Regisseur von *Star Wars*. Das ist unabänderlich. Er kann lediglich Nutzungsrechte abtreten, und nur wer diese Rechte hat, darf das Material nutzen und zum Beispiel online stellen. Wer diese Rechte nicht besitzt und das Material ohne Erlaubnis verwendet, der muss mit hohen Schadenersatzforderungen rechnen. Wer einen Blick in die YouTube-Nutzungsbedingungen wirft, wird feststellen, dass ausschließlich Videos hochgeladen werden dürfen, an denen man auch die Rechte hat. Auch auf der Seite, wo die Videos hochgeladen werden, ist nochmals ein deutlicher Hinweis darauf zu lesen. Ein Video, das auf YouTube zu sehen ist, hat mit einer Privatkopie rein gar nichts mehr zu tun. Wer also Fernsehausschnitte, Szenen aus Spielfilmen oder sonstiges Material, an dem er nicht die Rechte besitzt, hochlädt, muss im Zweifelsfall mit Schadenersatzklagen rechnen.

Auf der anderen Seite ist das aber auch dein Vorteil. Niemand darf dein Video ohne dein Einverständnis nutzen und zum Beispiel auf andere Videoportale hochladen, also *rebroadcasten*. Du kannst einen Anwalt einschalten und klagen. Und du wirst recht bekommen.

Auch bei Musikvideos verhält es sich nicht anders und die Weiterverbreitung, d. h. das Herunterladen des Tracks als MP3-File, ist genauso verboten. Und selbst wer Hits nachsingt, begibt sich rechtlich auf dünnes Eis. Das Urheberrecht liegt noch immer beim Texter sowie beim Komponisten und die müssen eigentlich dafür bezahlt werden.

Hintertür

Auch im deutschen Recht gibt es keine Regel ohne Ausnahme. Beim Urheberrecht ist es das Zitatrecht. Aber Vorsicht: Hier müssen ganz genaue Regeln befolgt werden. Ohne die Beratung eines Anwalts kann es eigentlich nicht genutzt werden. Auch große TV-Sender wie SAT1 oder RTL haben schon versucht, unser Material kostenlos zu nutzen. Sie beriefen sich auf das Zitatrecht. Allerdings hatten sie nicht zitiert, sondern das Material für ihre Zwecke neu geschnitten und getextet. Da reichte dann allerdings schon ein Telefongespräch, um die Situation klarzustellen, und wir konnten eine Rechnung schreiben, wie es üblich ist, wenn ein Sender fremdes Material für eigene Zwecke benutzt.

Das Zitatrecht funktioniert ähnlich wie das Zitieren in einem Referat oder einer wissenschaftlichen Arbeit. Du musst eine These aufstellen. Zum Beispiel: Christoph Krachten fragt bei Clixoom immer: »Wie ist die Lage?« Jetzt kannst du einen oder mehrere Ausschnitte zeigen, in denen das zu sehen ist, und damit deine Aussage belegen. Dabei musst du die Quelle nennen. Das geht mit einer Texteinblendung wie »Quelle: YouTube-Kanal *Clixoom*« oder auch im Off-Text. Dabei musst du diese Regeln exakt beachten. Bist du hier nicht ganz genau, hast du schon eine Rechnung im Briefkasten – wenn der Rechteinhaber dein Video findet.

6.10.2 Persönlichkeitsrecht

Menschen haben das Recht am eigenen Bild. Das bedeutet, du darfst keine Fotos oder Videos von jemandem im Internet veröffentlichen. Auf Facebook und anderen sozialen Netzwerken wird das oft vergessen, aber jeder, der dir keine Erlaubnis zur Veröffentlichung gegeben hat, kann dich verklagen.

Beim Filmen darf also niemand erkennbar sein, von dem du kein Einverständnis hast. Allerdings reicht manchmal das *konkludente Einverständnis*: Du filmst jemanden und während der Aufnahme erklärst du, dass du den Film für YouTube drehst. Wenn er nicht deutlich macht, dass er das nicht möchte, hast du sein Einverständnis. Dieses Einverständnis gilt aber nur für den genannten Zweck. Willst du das Video auch woanders zeigen, musst du ihm das mitteilen. Solltest du eine umfangreichere Verwertung des Materials planen, brauchst du in jedem Fall eine Einverständniserklärung, insbesondere wenn du irgendwo Geld dafür nimmst, zum Beispiel eine DVD oder eine Blu-Ray verkaufen willst (ein Exemplar reicht!). Dieses Recht kann auch Publikum für sich in Anspruch nehmen, wenn es in Großaufnahme gezeigt wird. Deshalb steht auch immer ein entsprechender Text auf den Tickets für TV-Shows.

Und wieder gibt es Ausnahmen: Handelt es sich um Personen des öffentlichen Lebens, dürfen diese gezeigt werden, wenn ihre Privatsphäre nicht verletzt wird. Auf öffentlichen Plätzen, Veranstaltungen u. a. dürfen Menschenmengen gezeigt werden, solange Personen nicht im Mittelpunkt stehen und austauschbar sind. In dem Moment, wenn hier eine Person in die Kamera sieht und die Blicke im Bild auf sich zieht, wird dann aber das Einverständnis benötigt.

Ganz oft verläuft alles vollkommen unproblematisch und das Einverständnis ergibt sich aus der Situation. Allerdings sollte man die beschriebenen Grundregeln immer im Kopf haben.

Unser Videotipp

The Power of Love | Wie geht eigentlich Musik? BTTF-SPEZIAL
552.315 Aufrufe

 23.351  120   TEILEN

 Marti Fischer ✔
Veröffentlicht am 21.10.2015

529.000 ABONNIEREN

7 Suchmaschinenoptimierte Videos

Um auf YouTube Erfolg zu haben, ist es das A und O, dass deine Videos überhaupt gefunden werden. Wenn sie sich in irgendeiner Weise auf Suchbegriffe beziehen, ist das schon die halbe Miete. Bevor du also mit irgendetwas auf YouTube beginnst, solltest du dir darüber Gedanken machen, wie du Suchbegriffe thematisieren kannst. Das beste und schönste Video wird dir nichts nutzen, wenn es nicht gefunden wird. Deshalb geben wir dir nun – wie schon beim Thema Dramaturgie – einen Handwerkskasten an die Hand, mit dem du einigermaßen gute Klickzahlen erzielen kannst. Und mit ein bisschen Glück schaffen es deine Videos schon nach wenigen Wochen in die Top-Positionen auf YouTube.

7.1 Kanalkonzeption

Schon in dieser Phase musst du dir überlegen, was das Thema deiner Videos sein soll. Das hängt natürlich davon ab, was du kannst und was dir Spaß macht. Auf der Grundlage dieser Vorgaben musst du deine Überlegungen beginnen. Nimm dir dafür ein paar Tage Zeit. Der erste Gedanke kann zwar der beste sein, aber oft stellt sich nach dem »Drüber-Schlafen« ein Gedankenblitz ein, der noch besser ist als alle Ideen vorher. In der Ruhe liegt die Kraft – auch hier. Nutze die Technik des Mindmappings. Dabei schreibst du deine Ideen nicht untereinander auf eine Liste, sondern machst eine Karte, eine sogenannte *Mindmap*.

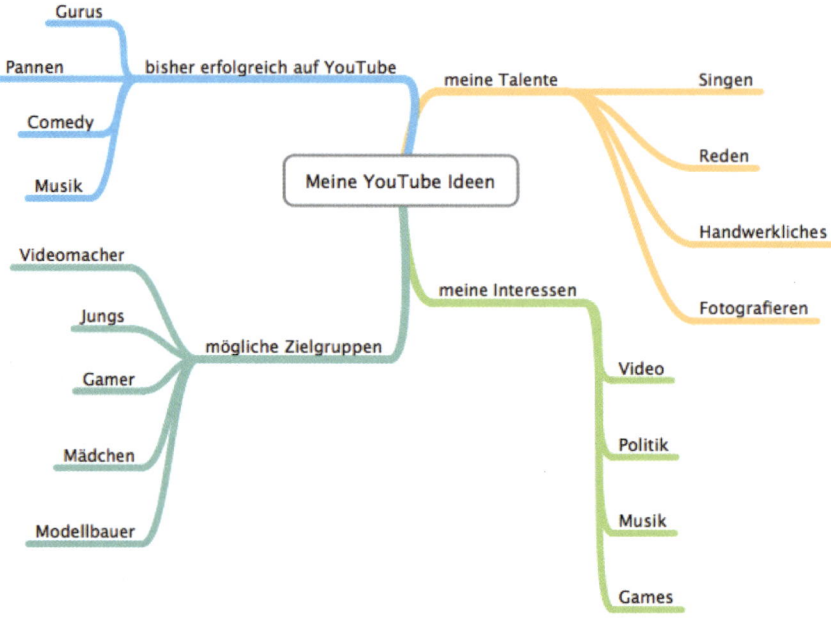

Beispiel einer Mindmap

Mit dieser Technik kannst du viele Dinge übersichtlich sortieren: Fähigkeiten, populäre Suchwörter, Genres, Themengebiete und vieles mehr. Wenn du so an die Planung deines Kanals gehst, wirst du spannende Einfälle haben.

7.2   Die Suchwörter

Die meistgesuchten *Tags*, also Suchwörter, liefert dir Google mit dem Service Google Trends frei Haus. Hier sind aktuell die Top Ten der Suchwörter und die Top Ten der Aufsteiger zu finden. Dafür musst du dort den Bereich »Explore« anklicken. Da kannst du eine Menge erkunden. Diese Topsuchwörter sind zum Beispiel wichtiger Bestandteil deiner Kanalkonzeption. Allerdings musst du diese Charts eine Weile beobachten, da sie immer von aktuellen Entwicklungen beeinflusst werden. Nach einer Weile wirst du übrigens selbst ein Gefühl dafür bekommen, welches die gerade gefragten Suchwörter sind.

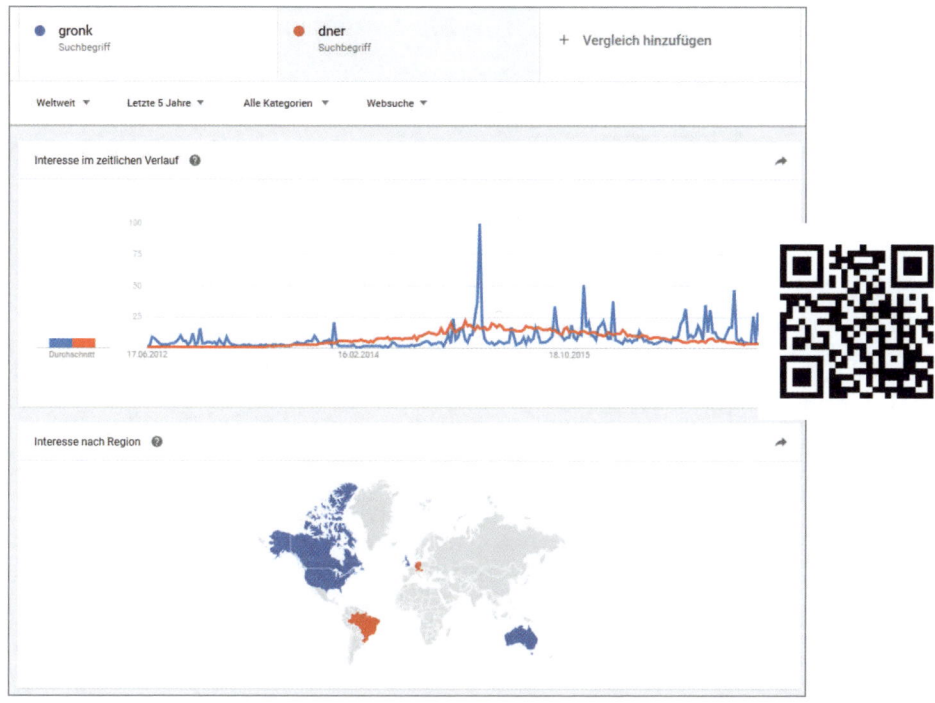

Google Trends – www.google.com/trends

In den Google Trends kannst du dir neben den aktuellen weltweiten Charts für das ganze Web auch genauere Charts anzeigen lassen. So kannst du z. B. die Top-fünf-Suchbegriffe auf YouTube in Deutschland der letzten 90 Tage auswählen.

Du kannst auch Suchbegriffe vergleichen und dir z. B. ansehen, wie oft bestimmte Games auf YouTube gesucht werden. Experimentiere ruhig ein wenig damit herum. Du wirst auf zum Teil verblüffende Ergebnisse stoßen.

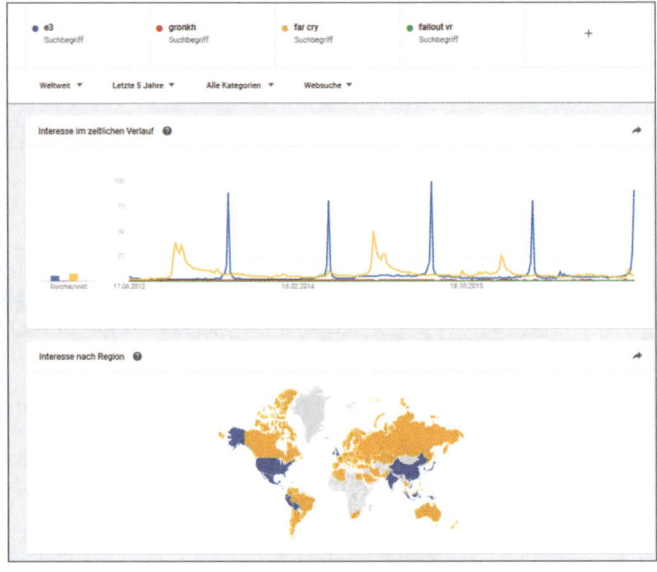

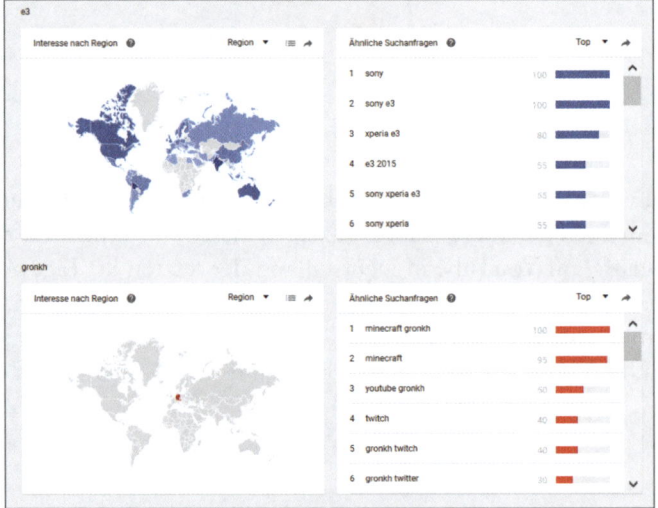

Trends – www.google.com/trends

7.3   So wird dein Video gefunden

Nun reicht es aber nicht, ein Video mit den richtigen Tags zu versehen bzw. diese
Begriffe im Titel und erstem Satz der Videobeschreibung zu verwenden, wenn sie
nichts mit dem Video zu tun haben. Im Gegenteil – das wird dir das Publikum
schnell sehr übel nehmen. Schon bei der Planung deines Videos musst du *suchma-*
schinenoptimiert vorgehen. Dabei ist Suchmaschinenoptimierung eigentlich keine

Erfindung der Neuzeit. Schon in den 50er-Jahren hat die Bild-Zeitung suchmaschinenoptimierte Schlagzeilen getextet. Suchmaschinenoptimiert heißt nichts anderes, als dass du mit deinem Video einen Nerv oder den Zeitgeist triffst und dich mit einem Thema beschäftigst, das die Menschen interessiert. Die Suchmaschine ist daher nur ein Werkzeug, um das einfach und schnell zu recherchieren.

Bei unseren Videos zu »Clixoom – Die Online-Talkshow« hatten wir zum Beispiel das Motto: Wir interviewen Suchwörter zu Suchwörtern! Das bedeutet, dass unser Gast bereits ein Suchwort ist. Wenn wir dann noch mit ihm über ein Suchwort sprechen und es auch in die Tags schreiben, ist das perfekt, um oft gefunden zu werden und damit auch viele Views zu bekommen.

Im Januar 2011 waren zum Beispiel die Suchwörter »Fernsehprogramm« und »Horoskop« ganz oben. Ideal (aber natürlich Quatsch) wäre jetzt ein Video mit Horoskopen für das kommende Fernsehprogramm. Das zeigt aber auch, in welchem Dilemma man damit steckt. Wer auf Teufel komm raus suchmaschinenoptimierte Videos dreht, wird schnell an Grenzen stoßen. Genauso wichtig ist nämlich einer der ersten Punkte aus diesem Buch: Du musst unterhalten. Und wenn das vor lauter Suchmaschinenoptimierung auf der Strecke bleibt, hast du verloren. Das perfekte suchmaschinenoptimierte Video wird dir vielleicht nicht so oft gelingen. Aber du solltest das Ziel immer vor Augen haben.

7.4   Wohin mit den Suchwörtern?

Niemand außerhalb von Google kennt die geheimen Algorithmen, mit denen YouTube arbeitet. Der wichtigste Teil für die Suchwörter scheint aber der Titel zu sein. Im Titel sollten deshalb die Topsuchwörter in einem plausiblen Zusammenhang stehen. Der Titel muss ja von zweien gelesen werden können: von YouTube, um ihn richtig in den Suchergebnissen zu platzieren, und vom Zuschauer, der verstehen muss, was im Video passiert. Zuerst musst du an den Zuschauer denken und dann an die Suchmaschine. Ansonsten taucht das Video vielleicht oben in den Suchergebnissen auf, aber niemand will es sehen. Als Nächstes hat der erste Satz der Videobeschreibung eine große Bedeutung. Darin muss das Wichtigste stehen und auch die wichtigsten Suchwörter sollten hier vorkommen. Diesem Satz misst YouTube bei der Auswertung eine hohe Bedeutung bei.

Und dann gibt es ja noch den eigentlichen Ort für die Suchwörter: das Feld, in das die Tags eingetragen werden. Alles, was zum Video passt, kann hier eingegeben werden. Dabei sollten die Suchwörter sinnvoll für dein Video sein. Auch allgemeine Tags wie »lustige Videos« oder »Comedy« sind dabei wichtig, wenn du mit YouTube Geld verdienen willst, da die Werbekunden die Spots, die vor den Videos laufen, auch aufgrund dieser Tags schalten.

Unser Videotipp

6 Awkward Ummah-Vibes die jeder Muslim kennt!

147.407 Aufrufe

6.218　　370　　↗ TEILEN　　≡+　　...

datteltäter
Veröffentlicht am 31.03.2017

55.000 ABONNIEREN

Die großen deutschen YouTube-Kanäle

Breeding Unicorns

Hinter dem Kanal Breeding Unicorns steckt Melissa Lee, eine junge Designerin, die in Berlin einen Modeladen hat und sich auf YouTube kreativ austobt. 2016 konnte sie den Webvideopreis in der Kategorie »Lifestyle« gewinnen. Außerdem moderiert sie für Viva und 2016 stand sie neben Dominik Porschen auf der Bühne der Videodays und führte durch das Programm.

F: Seit wann machst du YouTube?

Seit drei Jahren.

F: Und warum? Wie hat das angefangen?

Ich bin damals zu EnterBerlin gekommen, weil sie ein Künstlerporträt über mich gedreht hatten und es hat so viel Anklang gefunden, dass sie meinten, »Hey, möchtest du nicht noch ein Video machen?« Und dann hab' ich noch ein Video gemacht und noch ein Video! Und irgendwann meinten sie, »Hey, möchtest du nicht deine eigene Show haben?« Da habe ich natürlich ja gesagt.

F: Dann hattest du deine eigene Show, aber auf einem anderen Kanal? Auf einem Original-Channel muss man dazu sagen.

Genau, auf einem YouTube-Original-Channel, da werden die Leute für ihre Arbeit bezahlt und man ist quasi angestellt. Und dann lief der aber irgendwann aus, wie alle Original-Channel. Dann dachte ich, okay, was mach' ich mit der Community, die ich mir aufgebaut hab' und hab' dann meinen eigenen Kanal Breedingunicorns aufgemacht.

F: Wie hast du den Channel entwickelt, nach welchen Kriterien? Was hast du überlegt?

Ich hab' überlegt, worüber kann ich endlos reden und bin so begeistert, dass es nie langweilig wird und ich weiß, damit kann ich Woche um Woche um Woche füllen und mir fällt immer noch was ein.

F: Und das war dann?

DIY-Bastelkram (lacht)

F: Glaubst du denn, dass es entscheidend ist, wenn man eine Reichweite erzielen und durchhalten will, dass die Leidenschaft wichtig ist?

Für Reichweitenerzielung glaub' ich nicht, ich glaube, für Reichweite kannst du es auch ganz billig machen und dich einfach an große YouTuber hängen und so auch mit schlechtem Content groß werden (lacht). Aber was die Leidenschaft betrifft: Wenn du lange durchhalten willst – und das brauchst du am Anfang bei YouTube –, solltest du immer was machen, was dir am Herzen liegt.

F: Warum?

Weil YouTube sehr undankbar ist am Anfang und die ersten paar Abonnenten die aller allerschwersten sind. Also ich finde, die ersten 10.000 sind wirklich sehr langwierig und man verliert vielleicht die Motivation, weil es lange dauert und dann ist es gut, was zu haben, was dir so oder so Spaß macht, und dass du nicht siehst und denkst, »Hey, das mache ich nur, weil alle anderen das gerade machen und es funktioniert!«

F: Das heißt, am Anfang ist es wahnsinnig wichtig, dass man sich über jeden Abonnenten freut und über Kommentare, die man beantworten kann, dass dieses Persönliche am Anfang ein wichtiger Schritt ist?

Ja, man sollte jeden Follower, den man hat, wertschätzen, aber das sollte man auch später nicht verlieren. Man darf nicht arrogant werden, weil es in der Medienwelt auch ganz schnell nach hinten losgehen kann, und ich finde, ein YouTube-Jahr sind zehn echte Jahre, es geht einfach so schnell auf YouTube und Riesenskandale sind nach zwei Wochen vergessen, weil dann das Nächste kommt. Und so schnell kann man halt auch vergessen werden, wenn man was Doofes gemacht hat.

F: Das stimmt. Du hast jetzt schon 130.000, da kannst du dich ja nicht mehr um jeden kümmern!

Nee, leider nicht, aber ich bin, glaube ich, der fassbarste YouTuber in Deutschland, weil ich ja meinen Laden habe und die Leute immer wissen, »Hey, da ist sie fast immer zu den Öffnungszeiten da!« Da bin ich meistens da und da kann man mich treffen und anfassen und muss nicht extra zu Events kommen, sondern ich bin da immer zu treffen.

F: Und ist das ein wichtiger Punkt im Umgang mit den Fans, dass sie gar nicht dieses Gefühl haben, da kommt jetzt diese Melissa, die ich sonst nie sehen kann in meinem Leben?

Das nimmt natürlich auch ein bisschen den Hype, so einen Hype wie zum Beispiel um die Dat-Adam-Jungs kannst du natürlich nicht erzeugen, wenn du immer greifbar bist. Das nennt sich auch künstliche Verknappung, was auch Apple mit ihren iPhones macht, »Oh, wir haben natürlich nur eine Million produziert, aber wir wollen eigentlich mehr.« Und so kann man sich rarmachen, aber ich mag diesen Fankult nicht, ich mag es lieber, greifbar zu sein und dass die Leute nicht ausrasten und weinen, wenn sie mich sehen.

F: Du behandelst das auch nicht wie eine Fangemeinde, sondern wie einen Freundeskreis?

Freundeskreis ist übertrieben, weil ich nicht sagen würde, »Hey, lass' uns danach doch alle essen gehen« (lacht), es sind trotzdem Fans, aber ich mag's nicht, wenn Leute mich so in den Himmel heben, weil ich auch nur das mache, was mir Spaß macht, und glücklicherweise macht es anderen Leuten Spaß, mir dabei zuzugucken.

F: Du hast jetzt einen Kanal, der, ich sag' mal, »moderat« groß ist, was war das erste Video, bei dem du gesagt hast, »Boah geil, wie viele Leute das jetzt geguckt haben«?

Durch EnterBerlin hatte ich ja schon so eine Mini-Fangemeinde von 5.000 Fans und deswegen glaube ich, gab es für mich nicht so einen Punkt, wo ich dachte, »Jetzt hab' ich hier einen krassen Meilenstein erreicht. Für mich war 10.000 cool, da hab' ich mich sehr gefreut und ansonsten freue ich mich über jedes Video, was geguckt wird, weil es natürlich Videos gibt, die kommen besser an, die kommen schlechter an, und gerade bei YouTube ist es oft so, dass nicht Qualität geklickt wird und wenn dann eins von meinen qualitativ hochwertigen, wo ich sehr viel Arbeit reingesteckt hab', mehr geklickt wird, freu' ich mich doppelt.

F: Aber hast du nicht auch den Eindruck, dass sich Qualität auch in Views niederschlägt?

Auf keinen Fall!

F: Echt nicht?

Nee (lacht)!

F: Das heißt, bei dir ist es egal, ob du 20 Stunden Arbeit in ein Video reinsteckst oder zwei?

Ja, es müssen bestimmte Faktoren stimmen, von denen du weißt, das triggert deine Community und das wird abgehen. Zum Beispiel habe ich gerade ein Einhornschuh-DIY gemacht, und alle sind komplett ausgerastet und obwohl es inhaltlich nicht so viel zu lernen gibt wie sonst. Eigentlich habe ich nur Sachen auf Schuhe geklebt, aber auf einmal hatte es 100.000 Views und normalerweise haben meine Videos so 30 (A. d. R: 30.000).

F: Ist das ein Video, bei dem du dich besonders freust, oder ist das ein zwiespälti-ges Gefühl in diesem Fall?

Nee, ich hab' mich sehr gefreut, aber es war gleichzeitig auch ein Product Place-ment und im Nachhinein dachte ich, »Hätte ich mal mehr Geld genommen« (lacht).

F: Du machst ja auch bei yumtamtam mit. Das ist ein Kochkanal von EDEKA auf YouTube. Wie bist du dazu gekommen?

EDEKA ist mit der Idee zum Kanal auf mich zugekommen, weil sie so schlau wa-ren, die Moderatoren nicht nach Reichweite auszuwählen, sondern nach Talent, und YouTuber gesucht haben, die zur Marke passen.

F: Macht es Spaß?

Ja, natürlich macht es Spaß, weil es Dinge verbindet, wie zum Beispiel Kochen und geiles Team und man kann die ganze Zeit essen. Und all diese guten Dinge kom-biniert hat man sehr sehr selten an einem Set.

F: Vielen Dank!

Unser Videotipp

DIY I Meerjungfrauenschwanz

276.949 Aufrufe

👍 8.729   👎 212   ↗ TEILEN   ☰₊   •••

breedingunicorns
Veröffentlicht am 16.09.2015

130.000 ABONNIEREN

8 Dein Video auf YouTube – jetzt geht's richtig los!

8.1 Komprimieren

Damit ein Video überhaupt online wiedergegeben werden kann, muss es komprimiert werden. Dabei wird die Dateigröße so verringert, dass es überhaupt möglich wird, das Video hochzuladen. Da die Datenraten beim Upload meist noch geringer sind als beim Download, muss dieser Engpass mit der Verkleinerung der Dateigröße bei möglichst wenig Qualitätsverlust umgangen werden. Meistens liefert die Kamera schon komprimierte Videodaten. Der Grund dafür ist bei den teuren Speichermedien zu suchen, wie beispielsweise den SD-Karten. Das komprimierte Rohmaterial von der Kamera wird für die Übertragung in den Schnitt wieder dekomprimiert, dort wieder komprimiert und später beim Export erneut komprimiert. Jedes Mal entstehen Verluste! Das musst du wissen und unbedingt beachten! Wir brauchten einmal für einen WDR-Beitrag ein Bild aus dem Archiv, auf dem ein Kranich zu sehen sein sollte. Das Bild war aber durch die ganze »Komprimierungs-Dekomprimierungs-Arie« gar nicht mehr erkennbar! Was hatten die Kollegen falsch gemacht? Im Sender gab es folgenden Arbeitsablauf (Workflow): Zum Schneiden hatten die Kollegen komprimiertes Material über eine SDI-Leitung (professionelle Bildleitung) zum Schnittplatz überspielt und dabei für die Übertragung dekomprimiert und im Schnittplatz wieder komprimiert. Dann wurde das Material auf ein Sendeband kopiert und dafür in der SDI-Leitung unkomprimiert überspielt und dann wieder aufs Band komprimiert. Für das Archiv wurde ein Sammelband angefertigt und das Material wieder dekomprimiert und komprimiert. Im Laufe dieser Aktion wurde der Kranich auf dem Archivband viermal dekomprimiert und wieder komprimiert. Kein Wunder, dass am Ende nichts mehr zu erkennen war. Deshalb musst du unbedingt die Arbeitsweise verwenden, die von den Herstellern der Kamera und des Schnittprogramms empfohlen wird. Mit wachsender Erfahrung wirst du hier immer mehr verbessern können und vielleicht sogar schnellere und bessere Verfahren finden.

Codec

Codec heißt nichts anderes als *Co(de)Dec(ode)*, also codieren und decodieren. Codecs sind Verfahren, um ein Video zu codieren/komprimieren und wieder zu decodieren/dekomprimieren. Inzwischen soll es mehr als 2.000 solcher Codecs geben. Wer in den 90er-Jahren einmal ein Video komprimiert hat, kann nicht darauf vertrauen, dass es heute noch irgendwo abgespielt werden kann. Teilweise werden die Codecs nicht mehr weiterentwickelt, da sie technisch überholt sind. Und Codecs, die noch unter Windows 95 liefen, funktionieren heute einfach nicht mehr.

Es gibt drei Gruppen von Codecs:

– Codecs zum Aufnehmen, die während der Aufnahme das Video in Echtzeit komprimieren,
– Codecs für den Schnitt, die wenig Rechenleistung benötigen und dementsprechend gering komprimieren (wobei zuweilen dieselben Codecs wie für die Aufnahme verwendet werden),
– Codecs, die für die Verwendung online mit zum Teil geringen Bandbreiten geeignet sind.

Bei YouTube kommt noch eine Besonderheit hinzu: Das Video sollte möglichst in einem stark komprimierenden Codec hochgeladen werden, der aber eine ausgezeichnete Qualität liefert, da YouTube aus diesem Material verschiedene Versionen des Videos für verschiedene Bandbreiten neu rechnet, also wieder dekomprimiert und komprimiert. Stark komprimierend sollte er sein, damit es nicht Tage dauert, bis das Video endlich hochgeladen ist, und die beste Qualität sollte er haben, weil beim Dekomprimieren und erneuten Komprimieren neue Fehler (Artefakte) ins Bild gerechnet werden und so zum Beispiel Kraniche dann irgendwann nicht mehr erkennbar sind.

Das Prinzip der Codecs ist immer das gleiche: Einerseits wird das jeweilige Bild an sich analysiert und komprimiert (siehe Abschnitt *Artefakte*). Andererseits wird aber auch über die Zeit komprimiert. Das bedeutet, es werden gleiche Bildanteile in mehreren aufeinanderfolgenden Bildern erkannt, jedoch nur einmal codiert. Das erfolgt mit immer ausgeklügelteren mathematischen Verfahren, die immer neue »Komprimierungsrekorde« erzielen und dabei auch eine immer bessere Qualität erreichen.

Die aktuellen Codecs sind:

– Aufzeichnung: MPEG 2, AVCHD, DV, IMX, DVCPRO, XDCAM, HDV u. a.
– Schnitt: IMX, DVCPRO, Apple ProRes, Avid DNxHD, PAL/NTSC unkomprimiert, Avid 2:1 u. a.
– Online: H.264, DivX, WMV u. a.

Dabei darfst du den Codec nicht mit dem Format verwechseln! Selbst HD-Video im Format 1920 × 1080 Pixel bringt dir nichts mehr, wenn dein Video x-mal komprimiert und dekomprimiert wurde. Trotz der hohen Auflösung wirst du nichts mehr erkennen!

Wir haben zum Beispiel immer Probleme mit der Rechenzeit von Flip Videos in *Final Cut Pro (FCP)* auf dem Mac gehabt. Als wir das Material einmal testweise im QuickTime Player geöffnet hatten und als HDV-Codec mit 720p30 (d. h. mit einer Bildhöhe von 720 Pixeln und einer Breite von 1280 Pixeln sowie 30 Vollbildern pro Sekunde) exportierten, war das Problem plötzlich gelöst! Das ging rasend schnell und wir hatten keinerlei Rechenzeiten mehr in FCP. Denn gerade Schnittprogramme können nur ganz bestimmte Codecs verwenden, die meistens nur gering komprimierend sind, damit dann wenig Rechenleistung für die Wiedergabe des Videos verwendet werden muss. Wer hier einen stark komprimierenden Codec einsetzt, wird keinen Spaß haben. Genau das war in diesem Beispiel der Fall: Der Codec aus der Flip Cam war ein hochkomprimierender H.264-Codec, während der HDV-Codec viel weniger komprimierend ist und vom Schnittprogramm in Echtzeit verarbeitet werden kann.

8.2 Artefakte

Seitdem Bilder und Videos digital gespeichert werden, gibt es Artefakte. Die Ursache ist immer das Umrechnen des vom Sensor erfassten Bildes vor dem Speichern und das Komprimieren der Videos, das dazu dient, die Dateigröße zu verringern. Besonders bei Digitalkameras sind die Pixelabmessungen der Einzelbilder, wie sie der Sensor liefert, zu groß für ein Video, sodass sie auf die kleineren Videoformate heruntergerechnet werden müssen.

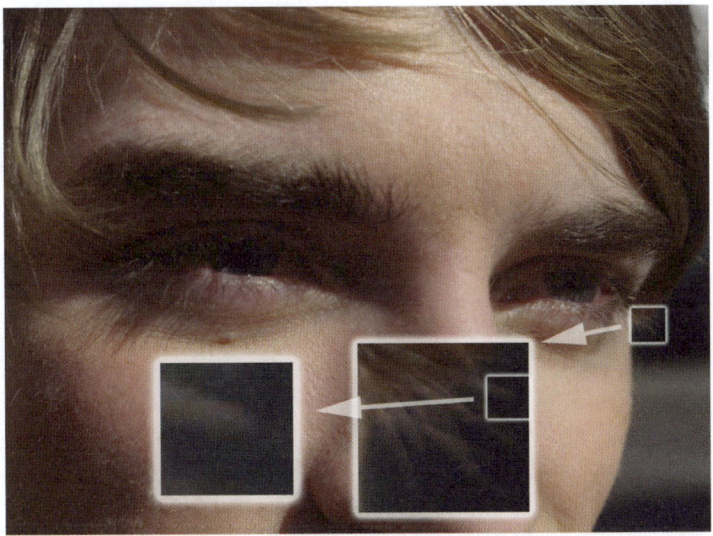

Gering komprimiertes Bild mit wenigen Artefakten

Das Verfahren ist eine Interpolation. Das heißt, dass aus den vorhandenen Bildinformationen neue berechnet werden. Dabei treten oft Fehler auf, die zum Teil auch sichtbar sein können. Am deutlichsten können solche Artefakte werden, wenn Bilder zum Beispiel im JPEG-Format oder Videos im MPEG4-Format gespeichert werden.

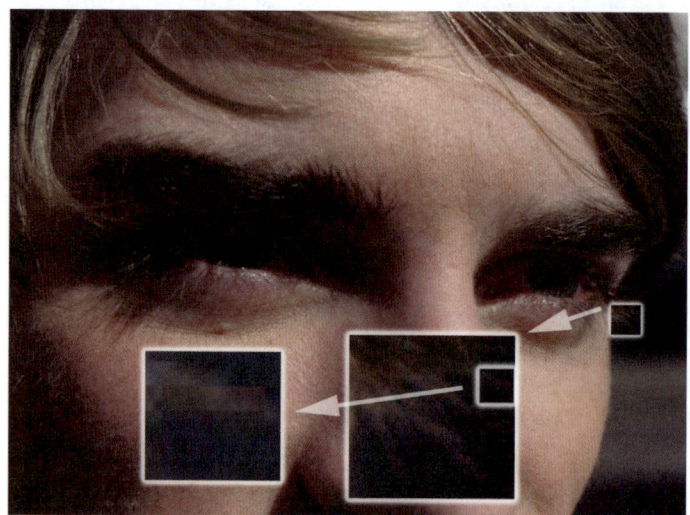

Stark komprimiertes Bild mit sichtbaren Artefakten

Dabei versucht der Komprimierungsalgorithmus, also ein kleines Programm, ähnliche Bildbereiche zu finden, um diese bei der Codierung der Bilddaten gleich mehrfach zu verwenden. Bei dieser Komprimierung gehen je nach Stärke mehr oder weniger Bilddetails verloren. Wird eine Komprimierung mehrfach oder zu stark auf die Bilddaten angewendet, entstehen merkwürdige blockartige Bildstörungen, die sogenannten Artefakte.

8.3   Hochladen

Wenn das Video fertig komprimiert ist und du mit Qualität und Dateigröße zufrieden bist, geht es ans Hochladen. Du solltest hier auch ein bisschen herumprobieren, um herauszufinden, wie lange der Upload bei der jeweiligen Dateigröße dauert und wie viel Zeit YouTube benötigt, um deine Datei mit dem von dir gewählten Codec zu verarbeiten, also wieder zu komprimieren. Das solltest du übrigens im Blick behalten, da YouTube hier ständig die Rechenkapazitäten erweitert und immer schneller wird.

Das Hochladen auf YouTube funktioniert mit verschiedenen Verfahren. Einzelne Programme können sogar direkt auf den YouTube-Server zugreifen, ohne dass eine Webseite geöffnet werden muss.

Unser Mehrwert-Tipp für alle Problemsituationen

Wenn irgendetwas beim besten Willen nicht funktioniert: Ruhe bewahren! Wir sagen immer: Computer sind auch nur Menschen! Versuche nicht, als Erstes dem Problem auf den Grund zu gehen! Die Frage ist nicht: »Warum geht das jetzt nicht?« Auch Feststellungen wie »Vorhin ging es aber noch!« helfen nicht. Es gibt in dem Moment, wenn irgendetwas nicht funktioniert, nur einen Lösungsweg, und der heißt: einen Lösungsumweg finden! Versuche (gerade unter Zeitdruck) einen Umweg zu finden, der dich möglichst schnell zum Ziel führt! Später kannst du dann den Fehler immer noch analysieren und eingrenzen. Im Moment hilft das aber gar nichts, sondern kostet nur unnötig Zeit!

Neben dem weiter vorne besprochenen Webcam-Upload spielt der Upload von Videos vom eigenen Rechner auf YouTube die größte Rolle.

Klickst du auf den Button *Hochladen*, öffnet sich ein Fenster, in dem du ein Video von deiner Festplatte, einem Stick oder einer anderen Datenquelle auswählen kannst. In diesem Fenster wählst du dein Video aus und sofort beginnt der Upload. Jetzt kannst du bereits alle Informationen für das Video eingeben: Titel, Beschreibung, Tags und Kategorie. Du kannst diese Informationen auch schon abspeichern. Sobald das Video online geht, sind diese Informationen verfügbar. Du kannst sie aber auch später eingeben und das Video in diesem Fenster erst einmal privat einstellen.

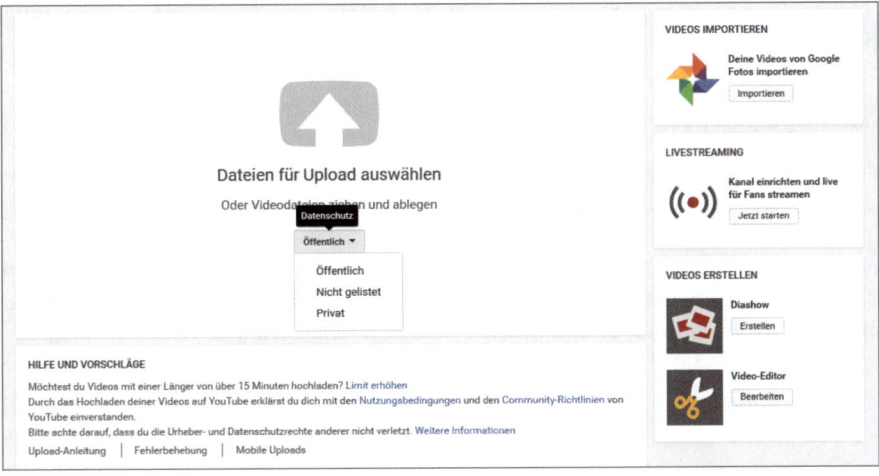

Video-Upload

Neben dem Vorschaubild wird dir in einem Balken der Upload-Fortschritt gezeigt. Hier wird nach dem Upload auch angezeigt, wie weit die Verarbeitung fortgeschritten ist und wie lange sie noch dauert.

Wichtig ist hier auch noch der dritte Reiter »Erweiterte Einstellungen«. Hier legst du fest, was deine Zuschauer mit dem Video machen können. Du kannst hier Kommentare zulassen, Bewertungen für Kommentare, Bewertungen für das Video und ob Videoantworten auf das Video gegeben werden können. Hier kannst du auch entscheiden, ob das Video auf externen Webseiten eingebettet werden darf und ob die Abonnenten benachrichtigt werden sollen, d.h., ob das Video auf deren individueller Startseite erscheint. Wichtig ist hier auch das Untertitelzertifikat. Wenn du hier nichts angeklickt, kann es zu Beschwerden kommen, da in den USA bei fremdsprachigen Inhalten im TV Untertitelpflicht besteht. Dies gilt damit auch für YouTube und du musst deshalb hier anklicken, dass das Video nicht in den USA im TV gelaufen ist.

Viele dieser Einstellungen kannst du vorab schon in den in den Standardein-stellungen der Kanaleinstellungen festlegen. Für alle Uploads kannst du hier vorab festlegen, ob die Videos privat, öffentlich oder nicht gelistet sein oder zu welcher Kategorie sie gehören sollen. Du kannst die Lizenz bestimmen, d.h., ob sie eine Standard-YouTube-Lizenz oder eine Creative-Commons-Lizenz mit Namensnen-nung haben sollen, was bedeutet, dass jeder dein Video verwenden kann, wenn er dich als Urheber nennt. Einen Standardtitel, eine Standardbeschreibung, Tags für alle Videos und noch einige Dinge mehr kannst du hier festlegen. Sieh dir diesen Bereich öfter an, hier gibt es immer mal wieder Änderungen.

Je nachdem, wie viel Traffic auf YouTube herrscht, kann es eine Weile mit der Verarbeitung dauern, aber du kannst immer sehen, wie viel Prozent deines Videos schon verarbeitet sind.

Video wird nicht verarbeitet

Manchmal wird das Video nach dem Hochladen einfach nicht verarbeitet. Es sind nur Balken zu sehen und die Verarbeitung beginnt nicht. In solchen Fällen gibt es einen einfachen Trick, um YouTube zu überlisten. Lade das Video einfach noch einmal hoch und dann noch mal und noch mal usw. Das machst du so lange, bis eines der Videos verarbeitet wird. Meistens ist es nicht das erste Video, das du hochgeladen hast, sondern irgendeines der späteren. Die Videos, die nicht verarbeitet wurden, kannst du anschließend löschen.

Sobald das Video verarbeitet ist, kannst du auf die Seite *Videomanager* gehen. Hier hast du Zugriff auf alle Einstellungen und kannst sie noch mal ändern.

Neben dem privaten, öffentlichen oder nicht gelisteten Upload hast du auch die Möglichkeit, das Video zu einem geplanten Zeitpunkt hochzuladen. So musst du nicht mal am Rechner sitzen, wenn dein Video online geht. Das ist sehr prak-tisch, wenn du einen festen Sendeplan hast und Videos immer an einem bestimm-ten Tag zu einer bestimmten Zeit online gehen lässt. Hierbei kannst du schon während des Uploads Tag und Zeit festlegen.

8.4   Videotitel

Der Videotitel ist das A und O bei deinem Video. Du solltest dir etwas Zeit nehmen, um eine knackige Überschrift zu finden. Vorne sollten möglichst die wichtigsten Wörter stehen. Oft ist auf YouTube nämlich nicht die ganze Überschrift zu
sehen, sondern nur der Anfang. Wenn dann das entscheidende Wort am Ende steht,
hast du schlechte Karten. Die Überschrift ist schon ein Teil deiner Dramaturgie:
Sie soll Appetit machen und beschreibt zum Beispiel als Teil der Einführung den
dramatischen Konflikt, der im Video eine Rolle spielt.

8.5   Thumbnail

Eine der wichtigsten Einstellungen für dein Video ist das Thumbnail, also das
kleine Bildchen, das in allen Suchergebnissen, Bestenlisten usw. für dein Video
angezeigt wird. Du kannst dieses Thumbnail nach dem Upload aus drei Vorschlä-
gen auswählen oder es sogar selbst layouten. Dazu muss dein Konto aber bestätigt
werden und in »einwandfreiem« Zustand sein. Um dein Konto zu bestätigen,
musst du deine Telefonnummer angeben, dann erhältst du eine Sprachnachricht
oder alternativ eine SMS. Dadurch bekommst du einen Bestätigungscode, der dein
Konto verifiziert.

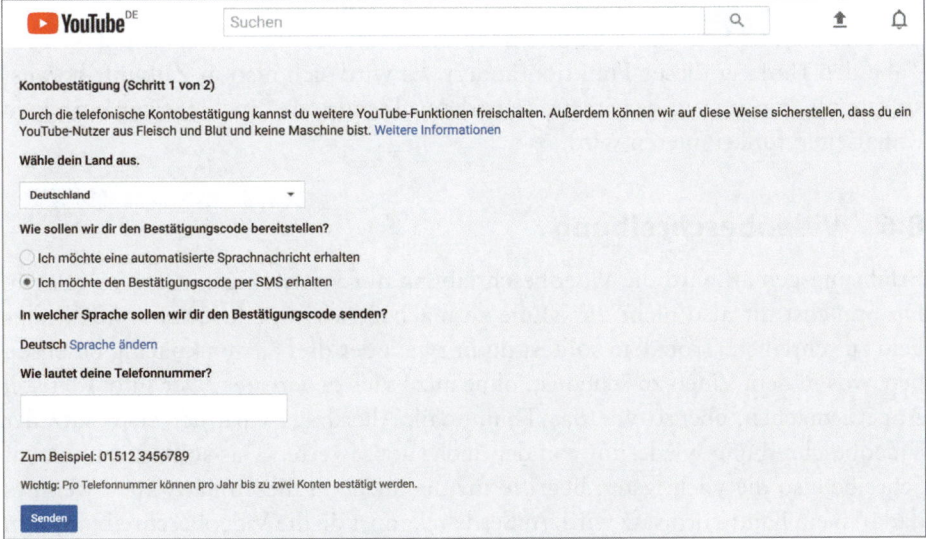

Telefonische Anmeldung des YouTube-Accounts

Du darfst die individuellen Thumbnails nämlich nur im Rahmen der YouTube-Nutzungsbestimmungen verwenden. Da Google sichergehen möchte, dass du dich auch an die Richtlinien hältst, ist dieses Feature nur für bestätigte Konten freigeschaltet.

Nackte Frauen zum Beispiel gehen gar nicht. Als Thumbnails werden sie auch sofort entdeckt und das Konto wird im schlimmsten Fall gesperrt.

Thumbnail auswählen

YouTube experimentiert derzeit mit den Thumbnails. Erprobt werden Thumbnails mit einer Videovorschau. Und so soll das funktionieren: Wenn du auf deiner YouTube-Startseite bist, hast du wie gewohnt die Videovorschläge vor dir. Fährst du nun mit deinem Mauscursor oder mit dem Finger bei Geräten mit Touchoberfläche über das Thumbnail, werden dir Ausschnitte aus dem Video gezeigt. Wann diese Funktion allerdings für alle User freigeschaltet wird, steht zum Zeitpunkt der Veröffentlichung dieses Buches noch nicht fest. Es kann auch sein, dass YouTube den Umfang dieser Funktion ändert. Es wird sich also in Zukunft herausstellen, ob dies nur auf der Startseite und den Trends oder auch auf den einzelnen Kanalseiten funktionieren wird.

8.6   Videobeschreibung

Erfahrungsgemäß wird die Videobeschreibung nur von wenigen Nutzern gelesen. Du brauchst dir also nicht die Mühe zu machen, wichtige Informationen in das Feld zu schreiben. Trotzdem solltest du in zwei oder drei Sätzen knackig beschreiben, was in dem Video zu sehen ist, ohne allzu viel zu verraten. Der Info-Text soll Appetit machen, ebenso wie das Thumbnail. Allerdings wird der erste Satz der Videobeschreibung wiederum von der Suche ausgewertet. Das solltest du nutzen! Schreibe also die wichtigsten Begriffe für die Suche in diesen Satz, auch wenn es dadurch ein Bandwurmsatz wird. Außerdem kannst du die Videobeschreibung zum Beispiel dazu verwenden, um Links anzugeben. Die kannst du nämlich nirgendwo anders unterbringen. Es gibt allerdings einen Trick für das Abspanntool ;-), den wir dir später schildern. Wenn du willst, dass Links gefunden werden, musst du aber im Video darauf hinweisen. Das geht zum einen mit Anmerkungen (siehe unten) oder mit der Erwähnung im Video in Ton und Bild. Das Video hat damit eine sehr starke Wirkung. Wenn du im Video vehement dazu aufforderst, dies und das zu tun, wirst du damit immer ein besseres Ergebnis erzielen als mit Schrift.

8.7   Schlagwörter – Tags

Experten nennen das *SEO – Search Engine Optimization*, also Suchmaschinenoptimierung. Und das geht auf YouTube nur mit der Überschrift, dem ersten Satz der Beschreibung und den Tags/Schlagwörtern. Aber auch die Tonspur wird von YouTube analysiert, genauso wie das Thumbnail. Die Konsequenz für dich: ein guter Videotitel, ein erster Satz in der Videobeschreibung mit möglichst allen Suchbegriffen und optimale Tags.

Wichtig ist auch, dass du bei der Planung deines Videos ein Thema wählst, bei dem aktuell oft gesuchte Schlagwörter auftauchen. Aber das haben wir ja schon oben erwähnt.

Die YouTube-Kanäle

Der YouTube-Creators-Kanal
Hier gibt es wertvolle Tipps für Partner, die aber oft auch für Nichtpartner von Vorteil sind. Wer z. B. wissen will, wie er schneller mehr Abonnenten gewinnt, bekommt hier einige Tipps. Manche davon können nur Partner umsetzen, andere sind aber für jeden zu gebrauchen. Abonniere diesen Kanal also am besten und erhalte so immer die neuesten Tipps!

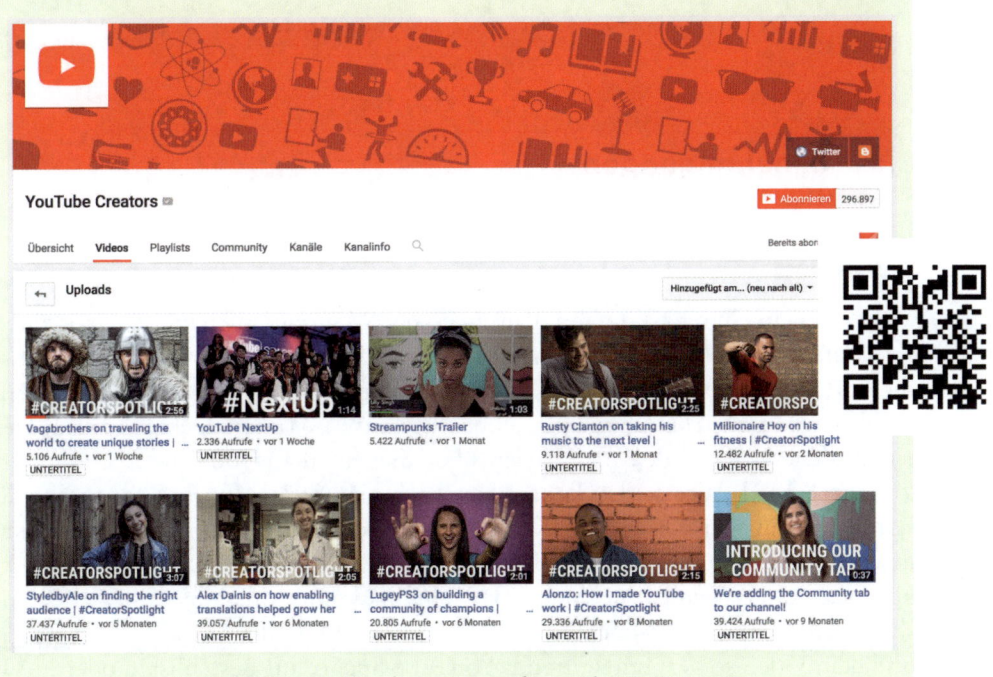

YouTube-Creators-Kanal – www.youtube.com/partnersupport

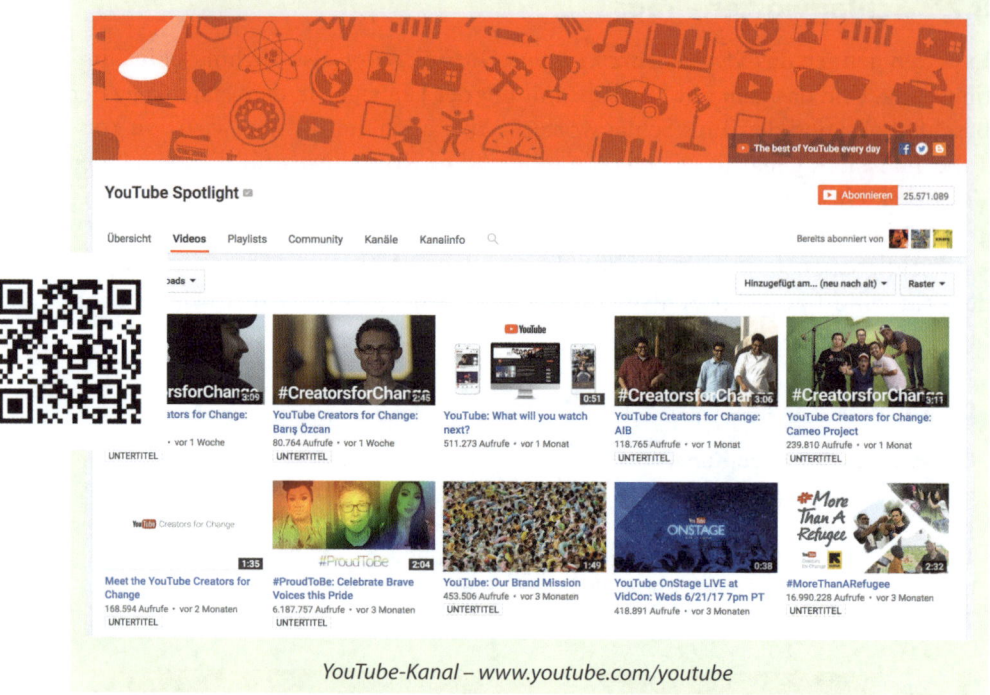

YouTube-Kanal – www.youtube.com/youtube

8.8   Genehmigungen

Datenschutz

Vier Möglichkeiten hast du, um dein Video der Welt oder auch nur einem kleinen Kreis zu zeigen: *öffentlich*, *nicht gelistet*, *privat oder geplant*. Private Videos kannst du einzeln auflisten. Dann schickst du den Leuten, denen Du das Videos zeigen willst, eine Nachricht. Sie müssen unbedingt auf YouTube angemeldet sein. Der eingeladene Nutzer identifiziert sich über die mit dem YouTube-Account verknüpfte E-Mail-Adresse. Du kannst hier auch niemanden angeben, dann bist du selbst dein einziger Zuschauer! *Nicht gelistet* bedeutet, dass es nur von Personen gesehen werden kann, die den Link zu deinem Video kennen. Es ist zwar öffentlich, aber nicht ohne Weiteres auffindbar. Diesen Link kannst du dann an so viele Menschen schicken, wie du möchtest. Sie können den Link allerdings weiterschicken und dein Video so verbreiten. In der YouTube-Suche, auf Bestenlisten oder in Videoempfehlungen wird es aber nicht auftauchen. Aber trotzdem wird es vom YouTube-Algorithmus analysiert. Deswegen darfst du ein Video nie auf *nicht gelistet* stellen, bevor du es hochlädst. Es wird nämlich sofort 48 Stunden lang analysiert. Stellst du es dann nach 48 Stunden auf *öffentlich*, hat es für YouTube nur eine sehr geringe Watchtime und taucht nirgendwo auf. Das heißt, wenn du möchtest, dass viele Menschen dein Video sehen, dann solltest du es auf *öffentlich* oder auf *geplant* setzen. Wenn es sich Leute vorher zum Beispiel ansehen sollen, um ihre Meinung zu äußern, dann lade es einfach noch mal hoch und lösche den ungelisteten Upload.

Kommentare

Die Kommentare kannst du automatisch zulassen. Oder du lässt nur die von Freunden automatisch zu und andere mit Genehmigung. Alternativ lässt du Kommentare generell nur mit Genehmigung zu oder auch gar nicht. Das hängt davon ab, was du unter deinen Videos lesen möchtest. Wenn alles freigegeben ist, solltest du ein dickes Fell haben, denn du musst mit echt fiesen und gemeinen Kommentaren rechnen. Da wirst du als verrückt, schwul, dumm usw. bezeichnet – und das ist eher noch harmlos! Manche schrecken nicht davor zurück, in den Kommentaren sexuelle Praktiken detailliert und ziemlich ekelig zu schildern. Generell finden wir aber, dass kontroverse Kommentare die Diskussion anregen! Wirklich üble Sprüche versuchen wir zu finden und zu löschen bzw. deren Autoren zu blocken. Aber denke dran: Jeder Kommentar ist ein Videoaufruf! Und viele kommen auch zurück, um die Diskussion zu verfolgen. Deshalb würden wir dir auf keinen Fall empfehlen, keine Kommentare zuzulassen. Zudem ermöglichen dir die Kommentare, in die YouTube-Charts der meistdiskutierten Videos aufzusteigen.

Kommentarabstimmung

Auch die Abstimmung kannst du über die Kommentare zulassen oder sperren. Wir finden es klasse, dass dabei herauskommt, welcher Kommentar am populärsten ist. Aber das kann dann natürlich auch einer sein, der dir nicht so passt.

Kommentar anpinnen

Als Kanalbetreiber kannst du einen Kommentar oben anpinnen. So kannst du die Diskussion in eine positive Richtung lenken, ohne zum Beispiel Leute, die eine andere Meinung als du haben, mundtot zu machen. So hast du eine gute Möglichkeit, Trolle auf die hinteren Plätze zu verweisen, ohne ihre Meinung zu löschen.

Ein Herz für Kommentare

Und du kannst als Kanalinhaber Kommentare noch auf eine andere Weise hervorheben. Du kannst ihnen seit 2016 ein Herz geben. Nur du kannst das und niemand anderes. So zeigst du Zuschauern mit einem einzigen Klick, dass du ihren Kommentar gut findest. So motivierst du sie besonders, immer wieder zu kommentieren, und kannst so auch die Diskussion in eine positive Richtung lenken, falls du unter Trollen »leiden« solltest.

Bewertungen/Anzahl der Aufrufe

Hier siehst du, wie viele Leute sich dein Video angesehen haben. Es kann vorkommen, dass die Zahlen, die dir YouTube anzeigt, nicht ganz aktuell sind. Bei einem hohen Aufrufkommen ist es möglich, dass YouTube einige Zeit braucht, die Aufrufe zu aktualisieren. Hier kannst du auch sehen, wie vielen Usern dein Video gefällt, Daumen hoch – aber auch, wie vielen es wohl nicht gefallen hat, Daumen runter. Es muss nicht immer an deinem Inhalt liegen, dass User es negativ bewerten. Es kann auch sein, dass Leute wegen einer schlechten Nachricht, die du vielleicht thematisierst, den Daumen nach unten geben.

Einbetten/Verbreitung

Mit diesen beiden Einstellungen kannst du steuern, wie dein Video im Netz verteilt wird. Du kannst zum einen das monetarisierte Einbetten in fremde Webseiten zulassen oder sperren und du kannst die Verbreitung auf Smart-TVs und Handys erlauben oder eben auch nicht.

Damit hast du jetzt alles geregelt, was die Verbreitung und Interaktivität deines Videos betrifft. Umso offener du bist, desto besser wird es für dein Video sein. Die Bremsen solltest du erst ziehen, wenn du so viele Zugriffe hast, dass du nicht mehr darauf angewiesen bist. Auf jeden Fall drücken wir dir die Daumen und wünschen, dass du dir nicht allzu viele dämliche Hater-Kommentare einhandelst.

8.9   Das Abspanntool

Wenn dein Video mindestens 25 Sekunden lang ist, kannst du im Abspanntool einen Abspann hinzufügen. Dieser kann zwischen fünf und 20 Sekunden lang sein. In ihn kannst du einige Elemente einbauen, die deine Zuschauer auf andere Inhalte aufmerksam machen sollen. Das können andere Videos sein, Playlisten, aber auch externe Links oder ein Element, um deinen Kanal zu abonnieren. Du kannst vier solcher Aktionen in deinen Abspann einbauen. Dieser ist dann sowohl auf Computern als auch auf Mobilgeräten sichtbar.

Dieses Tool ist ein sehr effizientes Tool. Hier kannst du deine Zuschauer am Ende deines Videos dazu auffordern, etwas Bestimmtes zu tun. So kannst du zum Abonnieren auffordern oder dazu, eine Playlist anzuklicken oder eine bestimmte Webseite anzusehen. Das Tolle daran ist, dass du direkt darauf zeigen und es im Video erwähnen kannst, sodass die Zuschauer direkt darauf reagieren können. Im

Fachjargon heißt das »Call to Action« CTA (auf Deutsch »Ruf zur Aktion«). Es ist das beste Mittel, um Abos zu gewinnen oder Views auf andere Videos zu erzielen. Hier kannst du übrigens mit einem kleinen Trick auch externe Webseiten verlinken. So kann es auch deine eigene verifizierte Webseite sein. Mit einem Deeplink auf deine Webseite, also auf eine Unterseite und einer Weiterleitung, kannst du überall hinverlinken. Das kann zum Beispiel ein Gewinnspiel eines Kooperationspartners sein, dein Merchstore usw.

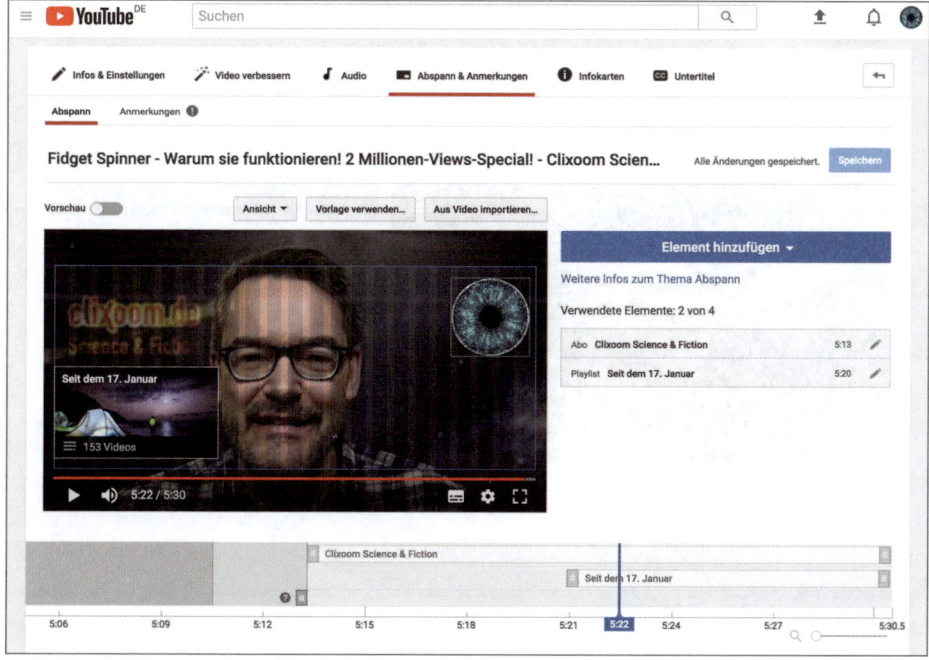

Abspanntool

Du kannst neben dem Bearbeitungsbereich für »Abspann & Anmerkungen« und »Infokarten« auch Untertitel für dein Video einfügen. Dazu musst du zunächst auswählen, welche Sprache in deinen Videos gesprochen wird. Dann hast du die Möglichkeit, durch dein Video zu spulen und an den richtigen Stellen den passenden Text einzutippen. In der Timeline kannst du bestimmen, wie lange die Untertitel eingeblendet werden.

Alternativ kannst du auch eine Untertiteldatei hochladen. Diese enthält den Text und die Timecodes, wann dieser Text im Video erscheinen soll. YouTube unterstützt eine Vielzahl an unterschiedlichen Dateiformaten!

Wenn du dir ein Programm zum Erstellen dieser Dateien holst, vergewissere dich, dass die Dateien auch unterstützt werden.

Infocard

Hier kannst du einen Link oder eine Umfrage starten, die Einblendung kannst du beliebig im Video platzieren. Oben im Video erscheint ein »i«, auf das auch Smartphone-User tippen können. Damit gelangen sie zu dem von dir verlinkten Video. Du kannst außerdem eine Umfrage mit bis zu fünf Antwortmöglichkeiten starten und so die Interaktion mit deiner Community verstärken. Allerdings sind die Klickraten hier nicht besonders hoch und das Abspanntool ist viel wirkungsvoller.

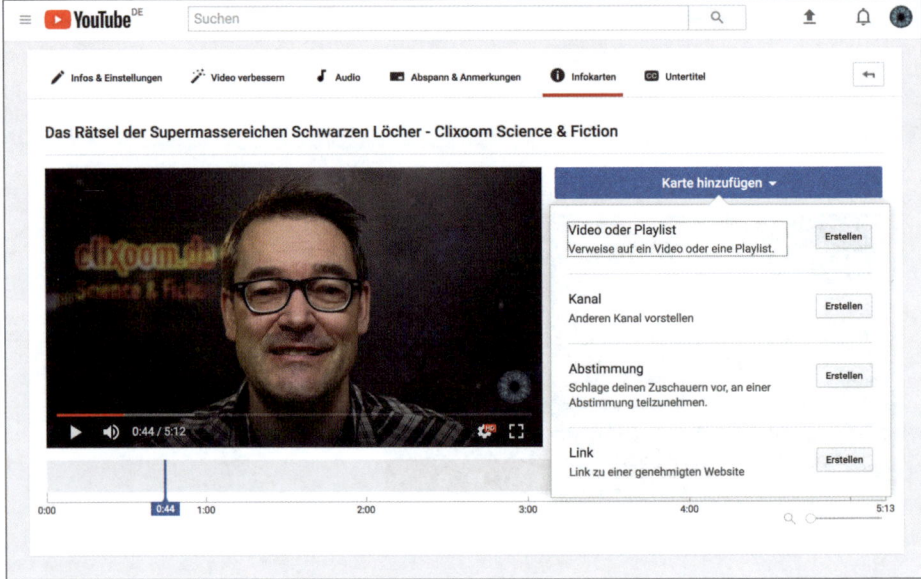

Infocard

Branding

Hier kannst du dein Kanallogo, das auch Kanal-Avatar genannt wird, dauerhaft in alle deine hochgeladenen Videos einblenden. Beim Mouseover besteht dann die Möglichkeit, deinen Kanal zu abonnieren.

Branding - https://www.youtube.com/account_featured_programming

Unser Videotipp

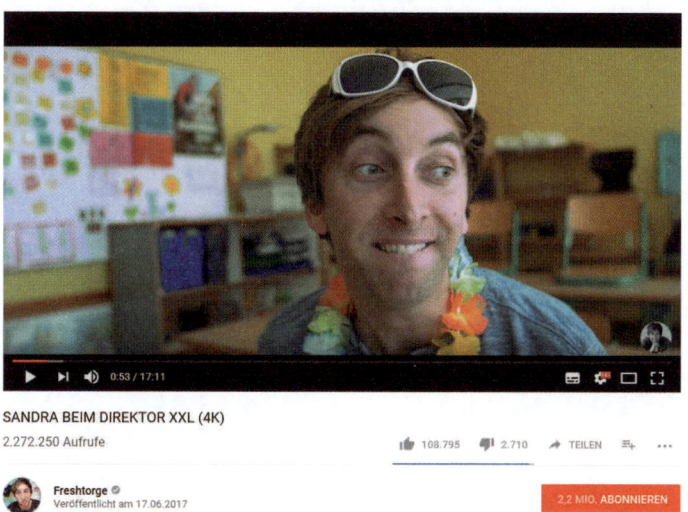

Unser Videotipp

#TubeClash02 - Episode 01

3.311.160 Aufrufe

147.985   5.314   TEILEN   ...

darkviktory
Veröffentlicht am 20.11.2015

ABONNIEREN

9 Was passiert mit deinem Video?

Wenn du dein Video online gestellt hast, stellst du es und damit auch dich zur Diskussion! Jetzt sind nicht mehr nur Freunde um dich, die dich unterstützen, sondern jetzt wirst du nach allen Regeln der Kunst auseinandergenommen! Stärken und Schwächen deines Videos werden gelobt und kritisiert. Trotz aller negativen Nebenwirkungen hat dies einen riesigen Vorteil: Du kannst daraus unendlich viel lernen!

9.1 Kommentare und Videoantworten

Dein Video wird von der ersten Sekunde an kommentiert. Meistens lautet der erste Kommentar übrigens: Erster! Beim Hochladen hast du ja bereits entschieden, was hier möglich sein soll und was nicht.

Du solltest die Kommentare aufmerksam lesen und angemessen reagieren. Dafür gibt es keine Regeln. Du kannst auf Kommentare antworten oder sie nur bewerten. Die Reaktionen sollten zu deiner Persönlichkeit passen. Überlege, was du mit deiner Antwort erreichen willst. Kommentare sind öffentlich, sodass du immer mit dem Empfänger und der Öffentlichkeit kommunizierst.

Du kannst in deinem Video auch aktiv zum Kommentieren aufrufen. Zum Beispiel, indem du eine Frage stellst und nach der Meinung der Zuschauer fragst. »Wer von euch glaubt an Aliens?« oder »Wer möchte mal ins Weltall reisen?«

9.2 Bewertungen

Du kannst dein Video bewerten lassen. Auf diese Weise bekommst du einen ganz guten Eindruck, was die Zuschauer von deinem Video halten. Beachte dabei allerdings, dass die Zuschauer oft nicht zwischen der Form, also der Machart des Videos, und dem Inhalt unterscheiden. Wenn du also ein tolles Video über ein unangenehmes Thema machst, kann es trotzdem sein, dass das Video schlecht bewertet wird.

Auch zum Bewerten kannst du in deinen Videos aufrufen: »Gebt mir einen Daumen nach oben, wenn euch dieses Video gefallen hat.«

9.3   Analytics

Die besten Informationen zu deinem Video und zu deinem Kanal erhältst du hier. Die YouTube-Analytics sind eine unerschöpfliche Quelle an Informationen, die du zur Verbesserung deiner Videos und deines Kanals nutzen kannst. Hier kannst du z. B. sehen, an welchem Tag deine Videos wie viele Views hatten, wie lang deine Videos insgesamt angesehen wurden usw. Achte hier insbesondere auf die Watchtime, d.h., ob deine Videos möglichst bis zum Ende angesehen werden. Je länger deine Videos geschaut werden, umso besser werden sie von den YouTube-Suchalgorithmen gefunden.

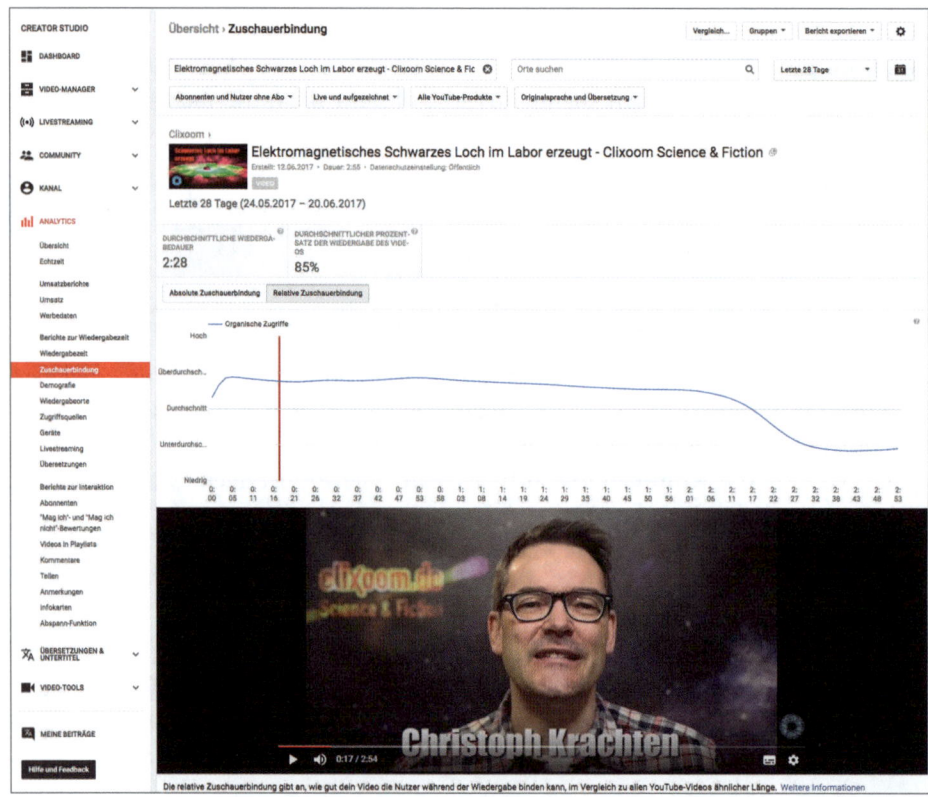

Analytics > Zuschauerbindung

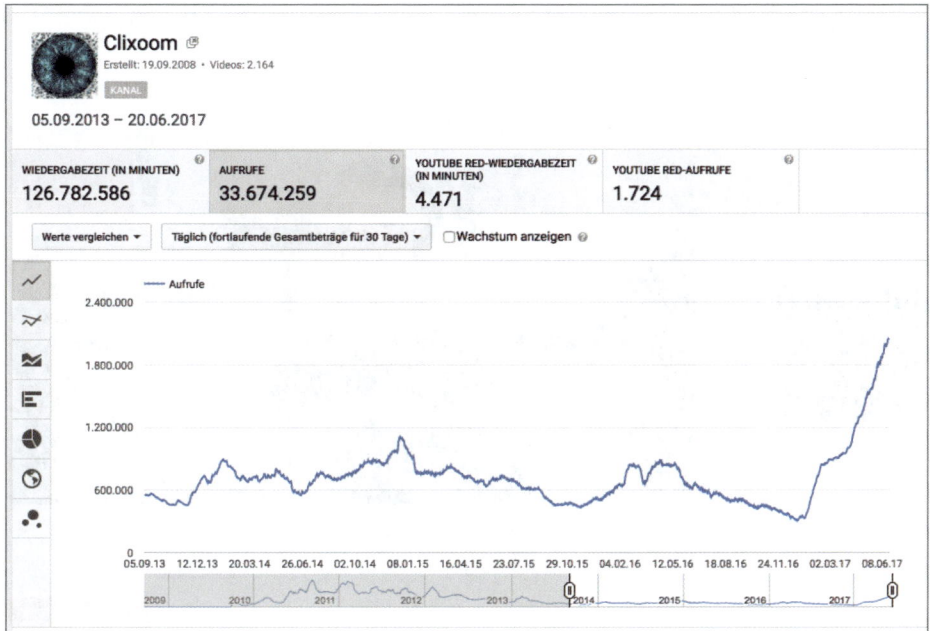

Analytics > Aufrufe

Unser Videotipp

Die düstere Zukunft von YOUTUBE & iBlali..? | iAsk

803.991 Aufrufe

👍 68.272 👎 1.415 ↗ TEILEN ☰₊ ...

iBlali ✓
Veröffentlicht am 29.04.2017

2,6 MIO. ABONNIEREN

Die großen deutschen YouTube-Kanäle

Y-TITTY

Y-TITTY

Sie waren lange Zeit der erfolgreichste deutsche YouTube-Kanal in Deutschland. Inzwischen gibt es sie zwar nicht mehr, dennoch sind ihre Videos immer noch sehr erfolgreich und auch für »Nicht-YouTuber« ein Begriff: Y-Titty!

Ihr Erfolg und das, was sie auf YouTube bewirkt und hinterlassen haben, ist Grund genug, sich diesen Kanal noch mal genauer anzusehen. In ihrer aktiven Zeit haben Y-Titty gezeigt, dass es sich lohnt, die Entwicklungen auf YouTube zu analysieren und darauf zu reagieren – sowohl inhaltlich als auch technisch. Sie waren in vieler Hinsicht YouTube-Pioniere und haben es geschafft auch außerhalb der YouTuber-Welt bekannt zu werden, und sind vielen Leuten heute auch noch ein Begriff. Der Kanal macht heute immer noch etwas mehr als drei Millionen Views pro Monat.

Und das ist die Geschichte von Y-Titty:

Was tun bei Langeweile? In Hilpolstein bei Nürnberg gibt es eine Menge Langeweile, und die will totgeschlagen werden. Irgendwann kommen TC, OG und Phil
auf die Idee, Videos zu drehen. Wie Tausende YouTuber drehen sie immer mal
wieder einen mehr oder weniger lustigen Sketch, der von ihren Freunden und noch
ein paar anderen Leuten auf YouTube gesehen wird. Doch irgendwann entdeckt
sie ein Mitarbeiter des Bezahlsenders Sky und lädt sie dazu ein, kurze Sketche für
ihr Programm zu drehen. Der Sender lässt sie allerdings nicht im Trüben fischen
und wild rumprobieren, sondern gibt ihnen eine richtige Schulung. Sie lernen
Sketche zu schreiben und fangen so an, richtig professionell für Sky zu drehen.
Doch leider zerplatzt ihr Traum von der TV-Karriere. Ihre Videos werden nie gezeigt und so fahren sie unverrichteter Dinge wieder zurück nach Hilpolstein. Doch
sie nehmen entscheidende Erfahrungen mit, die ihnen bei der Produktion ihrer
Twilight-Sketche zugutekommen. Sie kennen sich jetzt schon ziemlich gut mit
Dramaturgie aus und schreiben ihre Sketche nach den bewährten Handlungsmus-
tern. Der Erfolg lässt dann auch nicht lange auf sich warten. Mit dem populären
Suchwort Twilight schießen ihre Abonnentenzahlen und Videoaufrufe durch die
Decke. Y-TITTY wird Kult. Innerhalb von wenigen Monaten verändert sich ihr
Leben. Immer öfter stehen Fernsehteams vor ihrer Tür und sogar in einem ZDF-
Fernsehfilm werden sie neben zwei anderen YouTubern porträtiert. TC, OG und
Phil treffen eine Entscheidung: Sie wollen versuchen, von ihrem Talent zu leben.
Die drei ziehen in die Medienstadt Köln und fangen an, ihren YouTube-Kanal
professionell aufzuziehen. In einer Wohngemeinschaft leben und arbeiten sie zu-
sammen und können so schon von den YouTube-Einnahmen leben. Ihr großer
Traum ist aber eine eigene Show im Fernsehen. Doch die alten Medien sind nicht
so schnell wie das Internet und so hat sich bis heute noch kein Sender für ein solches Projekt gefunden. Wenn es dann mal so weit sein sollte, könnte es für den
Sender schon zu spät sein. Denn dann lohnt es sich nicht mehr, fürs Fernsehen zu
produzieren, weil die Verdienstmöglichkeiten im Netz einfach viel besser sind.

   Wie viele andere erfolgreiche YouTuber haben auch die Jungs von Y-TITTY
einen zweiten Kanal. Und der heißt: diejungs. Hier zeigen die drei, was sie sonst
noch so erleben, und machen natürlich auch in diesen Videos jede Menge Blödsinn.
Klar, dass auch dieser Kanal bergeweise Abonnenten hat.

   Im August 2013 veröffentlichten Y-Titty ihr erstes Album mit dem Namen
»Stricksocken Swagger«. 2014 gingen sie mit dem Album in Deutschland, Öster-
reich und der Schweiz auf Tour. Im gleichen Jahr wurden sie für ihre Single »Halt
dein Maul« und dem dazu gehörigen Video mit dem Echo für das beste Video
National ausgezeichnet.

Nachdem sie sich einige Zeit lang eine Auszeit genommen hatten, luden Y-Titty im Dezember 2015 ihr letztes Video mit dem Song »#endlich« und verkündeten gleichzeitig das Ende von Y-Titty. Der Grund für das Ende des Kanals kann darin gesehen werden, dass Phil, TC und Oguz so langsam zu alt für ihre Zielgruppe geworden sind und sich natürlich auch selbst weiterentwickelt haben.

Seit dem Aus konzentriert sich Phil auf seine Schauspielkarriere, arbeitet an einem Kinofilm, und hat einen eigenen Kanal auf YouTube »Phil Laude«. Oguz hat inzwischen eine Agentur gegründet und berät u. a. in Sachen YouTube. TC ist ebenfalls mit seinem eigenen Kanal »TC« auf YouTube aktiv.

Die drei haben sich aber nicht verkracht und arbeiten auch immer wieder An der Entwicklung der Jungs kann man sehen, dass es möglich ist, als YouTuber eine erfolgreiche Karriere aufzubauen und auch in anderen Gebieten Fuß zu fassen. YouTuber sind also ernst zu nehmende Medienschaffende und Y-Titty haben ihren Teil dazu beigetragen und dienten vielen anderen YouTubern, wie zum Beispiel den Lochis, als Vorbild.

Unser Videotipp

Gotye - Somebody That I Used To Know feat. Kimbra - PARODIE
Untertitel

22.181.015 Aufrufe

👍 182.118   👎 11.474   ↱ TEILEN   ≡₊   ...

 YTITTY ☑
veröffentlicht am 20.01.2012

3,1 MIO. ABONNIEREN

Unser Videotipp

Wie wird das Universum enden?

138.419 Aufrufe

👍 5.773   👎 61   ➔ TEILEN   ☰+   ...

 Doktor Whatson
Am 28.07.2016 veröffentlicht

ABONNIEREN   70.000

10 Wie erfährt die Welt von deinem Video?

Hier erfährst du, welche Stellschrauben bei YouTube genutzt werden können, damit dein Kanal schneller weiter nach vorne kommt. YouTube ist eine mächtige Community. Wenn du nicht schon eine bestehende Community auf Facebook, Twitter, Instagram oder sonst wo hast, wirst du mit den Community-Funktionen auf YouTube viel erreichen. Ansonsten solltest du natürlich dein bestehendes Netzwerk nutzen. Sei fleißig und kommuniziere mit der YouTube-Community, was das Zeug hält. Dann kannst du eine mehrstufige Rakete mit deinen Videos starten. Stellst du es richtig an, stehst du schon bald mit den Top-YouTubern in Kontakt.

10.1 Die Community-Funktionen nutzen

Hast du bei deinen Videos so weit alles richtig gemacht, musst du jetzt mindestens genauso viel Zeit in die Verbreitung und damit in die Kommunikation innerhalb der Community investieren. Vergiss dabei nicht, dass du alles, was du dabei erlebst und lernst, auch wieder in deinen neuen Videos umsetzen kannst – und damit unter Umständen eine unglaubliche Wirkung erzielst. Diejenigen, die es richtig machen, schießen manchmal in wenigen Wochen auf die Top-Positionen in den YouTube-Charts!

Hater

Hater sind YouTuber, die immer nur Hasskommentare oder zumindest sehr abfällige Kommentare schreiben. Mach nicht den Fehler, auf jeden dämlichen Kommentar eines Haters zu antworten, auch wenn du dich ärgerst. Das motiviert diese Spezies nur zu neuen Kommentaren. Du musst damit ein wenig jonglieren. Zum einen heizen Hater deinen Traffic an, da sie zur Diskussion anregen. Und diese führt wiederum zu neuen Videoaufrufen. Je mehr Diskussion um dein Video entsteht, umso öfter wird dein Video auch angesehen. Werden es allerdings zu viele Hater-Kommentare, macht es unserer Meinung nach auch für die Zuschauer keinen Spaß mehr. Insbesondere verletzende, rassistische, rechtsradikale oder sexistische Kommentare solltest du immer löschen, wenn du sie findest. Du selbst musst ein Gleichgewicht zwischen aktiver Diskussion und Beschimpfungstiraden herstellen und selbst entscheiden, was du auf der Seite stehen lässt und was nicht.

Allerdings gibt es auch die zweite Sorte der realen Hater, die eigentlich die Hater nur verarschen. Sie schreiben zum Beispiel: »Dieses Video ist schlecht! Muhaha, muhaha!« Wenn du einen solchen Kommentar unter deinem Video findest, bedeutet er eigentlich ein Lob und du kannst ihn stehen lassen.

Auf jeden Fall musst du dir ein dickes Fell zulegen und lernen, dass die Missgunst nur einen Schritt weit vom Erfolg entfernt ist. Jede Schwäche deines Videos wird von den Hatern gnadenlos zum Thema gemacht. Aber das hat auch seinen Vorteil, denn dir bleibt so nichts verborgen. Alle deine Fähigkeiten und Mängel kommen in den Kommentaren zur Sprache und du kannst daraus nur lernen. Nur solltest du sowohl die negativen als auch die überschwänglichen Kommentare nicht überbewerten.

10.1.1 Videokommentare

Für den Kontakt mit deiner Community ist es wichtig, dass du auf die Kommentare auch antwortest. Auf den ersten Kommentar, in dem oft ein Witzbold »Erster« geschrieben hat, musst du natürlich nichts antworten. Aber wenn jemand inhaltlich auf dein Video reagiert, ist das der erste kleine Finger, der dir gereicht wird. Nimm ihn dir – und am besten den ganzen Arm gleich mit! Antworte auf den Kommentar, und wenn du es richtig machst, hast du einen Abonnenten und noch besser einen Fan gewonnen. Dabei geht es nicht darum, deinem Publikum Honig um den Bart zu schmieren. Vielmehr musst du die Leute ernst nehmen, auf sie eingehen und von deinem Standpunkt aus mit ihnen diskutieren. Du kannst dich auch von ihnen überzeugen lassen. Aber bei Kritik solltest du nur nachgeben, wenn sie aus deiner Sicht berechtigt ist. Wichtig ist, dass die Leute merken, dass du dich an der Diskussion beteiligst und mit deinem Publikum sprichst. Das ist nämlich ein riesiger Vorteil von YouTube gegenüber dem Fernsehen: der direkte Kontakt zwischen Zuschauer und Macher.

10.1.2 Videoempfehlungen

Du kannst dein Video auch empfehlen, indem du es an andere YouTuber via E-Mail schickst. In einem Begleittext kannst du begründen, warum dieses Video so interessant oder unterhaltsam ist. Diese Funktion ist allerdings nicht ganz einfach zu finden. In deinem eigenen Posteingang findest du ein separates Postfach für Videoempfehlungen. Suchst du diese Funktion allerdings bei einem Video, findest du keinen Button oder Link oder Ähnliches. Die Funktion ist nämlich unterhalb des Videos im Bereich *Weiterleiten* versteckt. Dort gibt es den Button *E-Mail*. Damit wird allerdings nicht dein E-Mail-Programm geöffnet und eine Mail mit dem Videolink erzeugt, sondern du kannst den Videolink als Videoempfehlung nur an deine Kontakte versenden. Das ist bei jedem Video möglich, sodass du dich auch mit der Empfehlung von guten Videos beliebt machen kannst, die nicht von dir sind. Umso besser kommen dann die Empfehlungen deiner eigenen Videos an.

10.2 Collab-Videos

Collab-Videos bieten dir eine Riesenchance, um auf YouTube bekannter zu werden. Hierbei tun sich mehrere YouTuber bzw. Kanäle zusammen und drehen ein gemeinsames Video. So erreichst du die Zuschauer von zwei oder mehreren Kanälen gleichzeitig. Richtig promotet kannst du bei solchen Videos die Klicks deutlich gegenüber deinen eigenen Videos erhöhen.

Dabei musst du sehr genau überlegen, mit wem du gemeinsam ein Video machst. So bringt zum Beispiel die Kooperation eines Trickfußballers mit einem Guru rein gar nichts. Die Klickzahlen für dieses Video werden womöglich sogar hoch sein, aber auf Dauer ist die Wirkung gleich null. Trickfußballer interessieren sich halt nur selten für Pflege- oder Schönheitstipps und umgekehrt.

Absolut sinnvoll ist aber zum Beispiel ein Video, das zwei Comedy-Truppen zusammen machen. Das gibt viele Klicks und für jeden bedeutet das auch mehr Abonnenten. Recherchiere also, wer ähnlich bedeutsam ist wie du und ähnlich viele Abonnenten und Video-Aufrufe hat, und schicke ihm über YouTube eine Mail mit deinem besten Video. Wenn du sehr gute Videos machst, aber noch nicht so viele Abonnenten hast, kannst du vielleicht sogar einen größeren Kanal ansprechen. Aber sei sehr kritisch mit deinen Videos, sonst arten deine Kooperationsangebote in Stalking aus. Dann sind die Leute bei dem angefragten Kanal nur genervt und wollen nie mehr etwas von dir hören.

Ein Collab-Video muss übrigens nicht zusammen an einem Ort gedreht werden. Mit einem guten Drehbuch kannst du ein solches Video auch an verschiedenen Orten realisieren. Einer bekommt vom anderen die Videos zum Beispiel per Filesharing geschickt und schneidet anschließend das endgültige Video.

Collab-Video von den Junggesellen und Inscope21

Perfekt wäre dann noch ein Shout-out, d. h. die konkrete Aufforderung, den jeweils anderen Kanal zu abonnieren. Wenn das Sinn macht und der größere Partner dazu bereit ist, solltest du diese Gelegenheit unbedingt nutzen.

10.3 Videowettbewerbe

Alles, was die Community in deine Aktivitäten einbindet, bringt dir auch mehr Zuschauer und Abonnenten. Eine tolle Möglichkeit sind da Videowettbewerbe, die du auf deinem Kanal veranstaltest. Mit jedem Video, das für einen solchen Wettbewerb online gestellt wird, gibt es auf YouTube wieder einen Verweis auf deinen Kanal. Das erreichst du einfach dadurch, dass du in einem Video das Publikum dazu aufforderst, Videos zu einem bestimmten Thema zu drehen und darin natürlich auf deinen Kanal zu verweisen. Schon hast du einen Link zu deinem Kanal.

10.4 Gewinnspiele

Gewinnspiele sind eine tolle Möglichkeit, um dir vor allem mehr Abonnenten zu verschaffen. Du solltest es allerdings in Maßen tun, sonst sind deine Zuschauer auch schnell genervt. Du brauchst dafür attraktive Preise, die du dir zum Beispiel von Sponsoren besorgst. Allerdings benötigst du dafür schon ein paar Abonnenten, um für Sponsoren interessant zu sein. Mit dem Gewinnspiel verbindest du dann eine Wissensfrage (nicht einfach verlosen, das ist in Deutschland nicht erlaubt!) und unter den richtigen Antworten verlost du dann die Preise (so ist es dann erlaubt). YouTube verlangt, dass du dich nach den Gesetzen in deinem Land richtest. Zudem ist die Gewinnsumme auf 100 Euro pro Gewinn beschränkt. Hierfür gibt es bei YouTube Regeln, die aber leider nicht alle veröffentlicht sind. Im Zweifelsfall solltest du daher YouTube kontaktieren.

10.5 AdWords

Es gibt auch eine Möglichkeit, ganz legal an mehr Views zu kommen, die allerdings Geld kostet. AdWords ist ein Verfahren, mit dem Google Werbeanzeigen schaltet. Diese sind verbunden mit Schlagworten, die Menschen in die Suchmaschine oder die YouTube-Suche eingeben. So kann die Suche nach bestimmten Artikeln dazu führen, dass du eine Werbeanzeige eines bestimmten Herstellers angezeigt bekommst. Der bezahlt Google dafür, dass er so prominent platziert wird. Der Dienst kostet allerdings erst dann Geld, wenn der User tatsächlich auf die Anzeige klickt und so zum Beispiel auf die Homepage des Herstellers gelangt.

Über AdWords kannst du dein Video bewerben und so neue Zuschauer und Abonnenten gewinnen. Du kannst dein Video zum Beispiel oben in den Suchergebnissen positionieren oder es sogar als Preroll laufen lassen. Du solltest genau überlegen, ob du nicht andere Möglichkeiten hast, dein Video unter die Leute zu bringen, denn billig ist das Ganze nicht. Es sind eher große Marken, die AdWords nutzen, um damit mehr Zuschauer für ihre Werbebotschaften zu gewinnen.

In Kapitel 13 haben wir noch mehr zum Thema Werbung auf YouTube geschrieben.

10.6 Social Media

YouTube ist ohne *Social Media* nicht denkbar. Sie werden auch soziale Netzwerke genannt und dienen zum Austausch verschiedener Nutzergruppen im Internet. Zum einen ist YouTube selbst ein soziales Netzwerk, zum anderen solltest du für den Erfolg auch andere Plattformen nutzen, die sich nicht auf Video konzentrieren, wo aber viele Nutzer unterwegs sind. Für uns haben sich im Laufe der Zeit *Facebook* und *Twitter* als wichtigste Dienste herausgestellt. Beide sind Multiplikatoren, die die »frohe Botschaft« eines neuen Videos in die Welt hinaustragen. Zum anderen sind sie beide tolle Nachrichtendienste, du kannst hier Fotos und weitere Infos veröffentlichen und damit die Möglichkeiten zur Kommunikation mit deinen Zuschauern erheblich erweitern. Wir gehen im Folgenden auf Facebook, Twitter, Instagram und Snapchat ein, weil hier die meisten YouTuber aktiv sind. Da diese Plattformen nicht unbedingt wollen, dass auf YouTube-Videos verlinkt wird, ist es hier wichtig, eigene Inhalte zu schaffen, die jeweils passen.

10.6.1 Facebook

Facebook eignet sich perfekt als zusätzliche Anlaufstelle für Abonnenten. Hier stellen wir Fotos ein, die längerfristig eine Bedeutung haben. Wir haben eine eigene Fanpage neben Christophs persönlicher Seite eingerichtet. Das hat den Vorteil, dass sich hier mehr als 5.000 Menschen anmelden können, was bei dem ein oder anderen großen YouTube-Kanal ja schon der Fall ist. Außerdem müssen Fans nicht so wie Freunde bestätigt werden. Hier können wir uns mit den Fans austauschen und zum Beispiel Themenvorschläge oder Anregungen und Kritik diskutieren. Natürlich posten wir auch immer das neueste Video, was dann auf den Facebook-Seiten der Fans erscheint und damit viral verbreitet wird. Man kann Facebook als eigene Videoplattform nutzen oder YouTube-Videos posten und so zusätzlich ein paar Views bekommen. Facebook behandelt Verlinkungen auf YouTube allerdings sehr stiefmütterlich. Den Link deshalb am besten nicht in den Post packen, sondern in den Kommentar. Dort wird er nicht so negativ bewertet und dein Post öfter im Feed platziert.

Facebook wird inzwischen auch als Videoplattform für Webvideoproduzenten wichtig. Das Unternehmen stimmt das Design der Plattform auf diesen Content ab. Auch der Algorithmus von Facebook wird dahingehend programmiert, dass Videos, aber auch Livestreams besser in den Feeds deiner Freunde und Follower auftauchen. Damit will Facebook erreichen, dass mehr Leute Videos hochladen, denn mit ihnen kann höhere Reichweite für den Produzenten erreicht werden und Facebook verdient mehr an der Werbung. Daher solltest du diese Funktion als zusätzliche Plattform durchaus nutzen und deine Videos auch dort hochladen.

10.6.2 Twitter

Während Facebook durch die Interaktion der Statusmeldungen mit Kommentaren interaktiver ist, ist Twitter schneller. Der Kurznachrichtendienst ist für alles gut, was schnell verbreitet werden soll. Weil aber ständig neue Nachrichten in den Vordergrund treten, ist die einzelne Nachricht flott wieder Schnee von gestern und verschwunden. Durch diesen rastlosen Schlagabtausch von Nachrichten entstehen aber auch manchmal lustige Unterhaltungen, die durch ihre Begrenzung auf 140 Zeichen immer auch Smalltalks sind. Hier posten wir alles, was es so rund um Clixoom zu erleben gibt: skurrile Fotos, Bilder vom Set oder lustige Erlebnisse. So kannst auch du deinen Freunden und Abonnenten einen kleinen Einblick in dein normales Leben geben, sofern du das willst. Außerdem posten wir auf Twitter auch unsere Videoveröffentlichungen und erreichen damit einige Tausend Zuschauer. Twitter hat als eine von wenigen Plattformen keinen Algorithmus, der in den Feed eingreift.

10.6.3 Instagram

Immer populärer wird Instagram als soziales Netzwerk. Bilder sind eine sehr emotionale Art und Weise, miteinander zu kommunizieren, und es geht sehr schnell. Außerdem können dort inzwischen bis zu 15 Sekunden lange Videos gepostet werden. Zusätzlich werden die Fotos einfach per Knopfdruck auf Facebook und Twitter geteilt. Phänomenal ist die Interaktion auf der Plattform. Nach unserer Erfahrung drücken fast 10 Prozent der Abonnenten auf »Gefällt mir« bei guten Inhalten. Da können Facebook und Twitter bei Weitem nicht mithalten.

Instagram

10.6.4 Snapchat

Auch Snapchat ist inzwischen eine tolle Möglichkeit, Fans und Zuschauer zu gewinnen. Dadurch, dass die Plattform die Inhalte nach 24 Stunden löscht, entsteht ein sehr unmittelbarer und sehr naher Kontakt zu den Menschen. Das Programm fördert durch seine Ausrichtung auch genau diese Art von Inhalten: Sie sind sehr persönlich und lassen die Zuschauer meist am Leben der Protagonisten teilnehmen. Zudem gibt es immer wieder tolle neue Features, wie zum Beispiel Augmented Reality.

10.6.5 Livestreams

Sehr beliebt bei YouTubern sind Livestreams. Sie bieten eine supereinfache Möglichkeit, live kostenlos ins Netz zu streamen und parallel mit den Zuschauern zu chatten. Alles, was man braucht, ist eine Webcam oder ein Smartphone. Aber wenn du möchtest, kannst du auch ein komplettes TV-Studio anschließen, wie wir es bei den VideoDays machen. Genial dabei ist, dass man die Livestreams nicht nur wie Skype für den persönlichen Gebrauch nutzen kann, sondern dass sie öffentlich und live auf YouTube gestreamt werden können und damit alle Abonnenten ohne Umwege erreicht werden. Über das Feature »Superchat« ist es ähnlich wie bei der Livestreaming-Plattform YouNow zudem möglich, eine weitere Einnahmequelle aufzutun. Gerade kleinere Kanäle können so eher Geld verdienen, um die nötigsten Ausgaben zu finanzieren. Allerdings erinnert das System ein wenig an Abzocke. Es geht darum, Kommentare im Chat anzupinnen. Je mehr Geld jemand ausgibt, desto länger wird der Kommentar angepinnt, er ändert je nach Summe die Farbe und man hat auch mehr Zeichen für den Kommentar. Bis zu 500 Euro kann man so zahlen für einen bis zu 500 Zeichen langen Kommentar in Rot, der für fünf Stunden lang angepinnt wird. Das ist schon ziemlich kommerziell.

Viele YouTuber verwenden Livestreams, um Fragen der Zuschauer möglichst schnell zu beantworten. Der Reiz besteht darin, dass sich die Zuschauer ganz persönlich an dich wenden können. Zwar kannst du ab etwa 100 Teilnehmern kaum noch alle Kommentare im Chat lesen, aber du bekommst auf jeden Fall einen persönlicheren Draht zu den Zuschauern.

Im Anschluss an den Livestream kann das Ganze übrigens als Aufzeichnung auf deinem Kanal angesehen werden.

Und so funktioniert ein Livestream:
Am einfachsten funktioniert der Livestream mit dem Handy. Du klickst in der YouTube-App auf das Kamerasymbol. Dort kannst du auswählen, ob du ein fertiges Video hochladen möchtest oder ob du livestreamen möchtest. Hier klickst du auf »Livestream starten«. Jetzt musst du nur noch einen Titel und eine Beschrei-

bung auswählen und es kann losgehen. Am besten das Smartphone nicht im Hoch-
format verwenden, weil der Stream auf allen anderen Endgeräten viel Platz links
und rechts neben dem Hochkantvideo verschwendet.

Livestream vom Handy

Mit dem Computer ist es nicht ganz so einfach, aber man kann auch ein komplettes Fernsehstudio dranhängen. Oder nach ein paar Vorbereitungsschritten setzt
du dich einfach vor deine Webcam. Ganz wichtig zu wissen: Alles passiert direkt,
du kannst nichts mehr zurücknehmen, pass also auf, was du live vor der Kamera
sagst oder von dir preisgibst. Da gab es schon böse »Unfälle«, nach denen die
Macher es schwer bereut haben, ihr Video live geschaltet zu haben. Du solltest vor
deinem ersten Livestream unbedingt ein paar »Trockenübungen« machen.

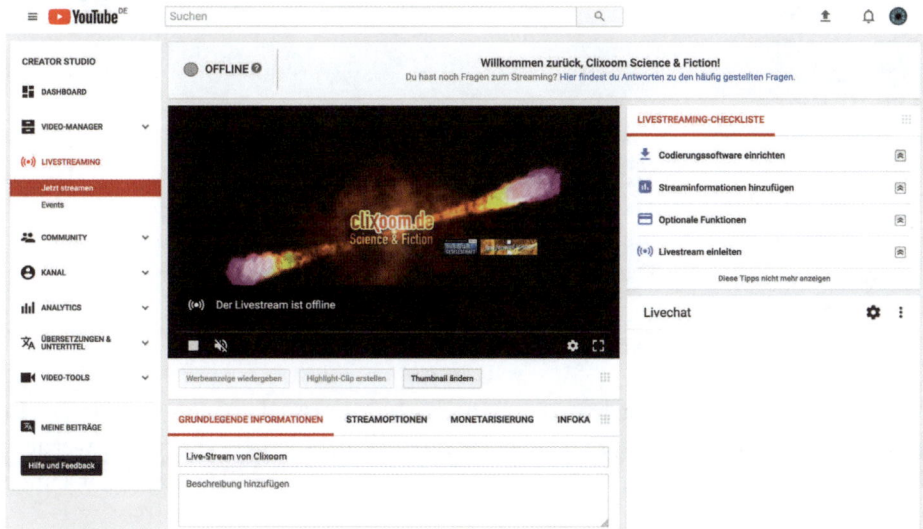

Vorbereitung Livestream auf Computer

Um einen Livestream zu starten, musst du im Creator Studio unter »Livestreaming« deinen Stream vorbereiten. Hier kannst du einen Titel, eine Beschreibung und ein Thumbnail einfügen wie bei einem fertigen Video. Dann entscheidest du noch, welcher Kategorie du den Inhalt deines Streams zuordnen willst.

Um live zu gehen, brauchst du allerdings noch eine Codierungssoftware. YouTube unterstützt ein paar Programme, aber nur eines ist kostenfrei: OBS! Du musst dir diese Software runterladen und dort das Programm mit deinem YouTube-Kanal verbinden. Dazu benötigst du die Server-URL und den Schlüssel für den Stream. Beides findest du auf der Livestreaming-Seite deines Kanals. Achte darauf, dass niemand außer dir diesen Schlüssel hat. Ansonsten können alle Personen, die ihn kennen, auf deinem Kanal einen Livestream starten!

Wenn du dein OBS eingerichtet hast, kannst du im Programm noch deine Kamera hinzufügen, dann einfach auf »Stream starten« klicken und du wirst live auf deinem YouTube-Kanal zu sehen sein.

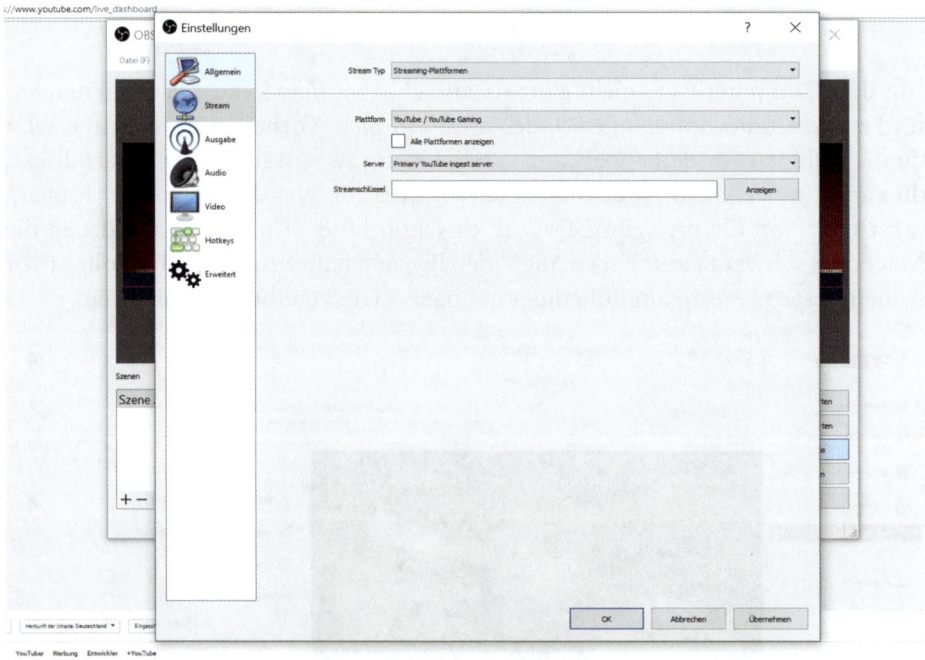

Die Einstellungsoberfläche von OBS – hier kommt der Streamingschlüssel hin.

Wer öfter und regelmäßig livestreamen möchte, muss allerdings aufpassen. In Deutschland gelten besondere Mediengesetze, die gerade heiß diskutiert werden. Bevor ihr da etwas falsch macht, informiert euch bitte, was der Stand der Dinge ist.

11 YouTube hacken

Lass es sein! Das ist unser Rat an jeden, der darüber nachdenkt, YouTube zu manipulieren. Es ist zwar möglich, aber das Risiko dabei immens hoch. Niemand weiß genau, auf welche Manipulationen YouTube vorbereitet ist und was genau geahndet wird. Ständig werden die Algorithmen, um solche Manipulationen zu finden, verändert und verfeinert. Da ist dann dein Kanal schneller gesperrt, als du gucken kannst. Allerdings gibt es auch legale Möglichkeiten, YouTube zu manipulieren. Doch stellt sich damit immer die Frage, ob es sich wirklich lohnt. Eine solche Manipulation fällt nämlich schnell auf und ist daher letztlich nutzlos, weil auch das eigene Image damit rasch ruiniert ist. Trotzdem beschreiben wir hier der Vollständigkeit halber ein paar der wichtigsten Techniken, um YouTube zu überlisten. Einen umfassenden Überblick können wir dir allerdings nicht geben, da wir solche Techniken nicht einsetzen.

11.1 Spambots

Es gibt die unterschiedlichsten Programme, Scripte und Internetportale, die die Automatisierung der verschiedensten Aktionen auf YouTube ermöglichen. Auf die meisten solcher Spamattacken ist das Portal inzwischen vorbereitet, sodass schnell weitere Aktionen gar nicht mehr angenommen oder mit einem sogenannten *CAPTCHA* daraufhin abgeklopft werden, ob auch wirklich ein Mensch dahinter steht. So gibt es Tools, um Kanäle automatisch zu abonnieren, Kommentare abzugeben usw. Letztlich musst du dich fragen, wozu diese Maßnahme dienen soll. Außer bei jemandem Eindruck zu schinden, der keine Ahnung von YouTube hat, ist es eigentlich zu nichts gut. Wenn du aber dieses Ziel erreichen willst, dann ist es vielleicht eine Möglichkeit, bis YouTube darauf reagiert und deinen Kanal sperrt. Denn auch wenn die Community-Richtlinien anders interpretiert werden können: Bots sind auf YouTube nicht gern gesehen!

Allerdings ist das bei VideoViews nicht möglich, sodass hier der Einsatz eines Spambots, also einer Art selbstständigen Computerprogramms, möglich ist. Das A und O dabei ist, die eigene IP zu verschleiern bzw. regelmäßig zu wechseln. Allerdings reicht es fast schon nicht mehr aus, die IP zu wechseln, da es für YouTube noch auf andere Arten möglich ist, die Echtheit von Usern festzustellen. Ansonsten wird man sofort entdeckt. Trotzdem bleibt ein Restrisiko, denn auch ungewöhnlich viele Views eines Videos werden von YouTube gescannt. Solltest du es aber trotzdem geschafft haben, die Views nach oben zu treiben, hast du ein Glaubwürdigkeitsproblem. Es fehlen nämlich die Kommentare und du bist sofort als Manipulator aufgeflogen. Und selbst wenn du das hinbekommen würdest: Was hättest du davon? Es ist alles nur Schein! Und um den zu erzeugen, hast du wertvolle Lebenszeit verplempert.

11.2　Sub4Sub

Dabei handelt es sich ausnahmsweise um eine ganz legale Masche. YouTube hat nichts dagegen, dass *Subscriptions* (kurz *Sub)*, also Abonnements, getauscht werden. Du kannst mit dieser Methode beeindruckende Abonnentenzahlen erreichen. Aber wieder stimmt etwas nicht an deinem Kanal, denn deine Videos gewinnen so keine Views! Und das kann sehr peinlich wirken.

Sub4Sub gibt es zum einen ganz einfach über YouTube selbst: Die Nutzer schreiben sich gegenseitig an und bieten einen Sub4Sub beziehungsweise den gegenseitigen Tausch eines Abos an. Es gibt aber auch spezielle Webseiten, die Sub4Sub automatisiert haben. Hier kannst du einfach deinen Account-Namen eingeben und die Kanäle abonnieren, die du vorgelegt bekommst. Andere werden anschließend dazu aufgefordert, deinen Kanal zu abonnieren, und so bekommst du immer mehr Abonnenten. Allerdings wird so gut wie niemand deine Videos ansehen, weil bei diesem Abo-Tauschverfahren nur Kanäle unterwegs sind, die möglichst viele Abonnenten gewinnen wollen. Und das hilft dir nicht wirklich weiter. Auch was die Seriosität dieser Seiten angeht, kann man sich eigentlich nicht genau sicher sein. Da es eine Vielzahl an Angeboten dieser Art im Netz gibt, kann man nicht ausschließen, dass einige Seiten es mit dem Datenschutz zum Beispiel nicht so genau nehmen. Und das Passwort für deinen YouTube-Account solltest du sowieso niemals weitergeben.

Wenn du auf diese Art Abonnenten gewinnst, fällt dem aufmerksamen Betrachter bald auf, dass die Anzahl der Views deiner Videos und die Anzahl der Kanalkommentare nicht zu deinen Abonnentenzahlen passen. Auch das kommt nicht wirklich gut an.

Earn Subscribers – Abonnenten kaufen

Warnung! Auf dem Sub4Sub-Markt gibt es auch zahlreiche Seiten, die die Nutzer nur abzocken! Sei extrem vorsichtig! Da werden dir bis zu tausend neue Abonnenten versprochen, aber dafür sollst du diverse Handy-Abzock-Abos abschließen. Bevor du also wie wild Okay-Buttons drückst und überall deine Handynummer hinterlässt, solltest du immer genau nachlesen, wie hoch der Preis für deine Abonnenten ist.

Insbesondere in E-Mails an deinen YouTube-Account wird für solche Seiten geworben. Sei also sehr vorsichtig, bevor du auf solche Seiten gehst. Da ist eigentlich immer ein großer Haken dran!

11.3 Sockpuppet-Accounts

Diese »Sockenpuppen-Konten« können für zahlreiche Zwecke eingesetzt werden. Es sind ganz normale Accounts, die aber nicht dazu dienen, Videos zu posten. In erster Linie geht es darum, dem eigenen Hauptkanal mehr Abonnenten zu verschaffen. Das heißt, der Account würde von dir nur dazu eingerichtet werden, um den eigenen Hauptkanal zu abonnieren. Wer hier allerdings auf interessante Zahlen kommen will, muss schon Arbeit investieren. Es soll sogar Leute geben, die mehr als 9.000 solcher Accounts hatten! Leicht zu managen sind die allerdings nicht. Entweder musst du dich ständig ein- und ausloggen oder verschiedene Browser verwenden.

Mit diesen Accounts kannst du aber auch Kommentare unter deinen Videos hinterlassen und den Eindruck einer regen Diskussion wecken. Außerdem kannst du die Accounts auch so benennen, dass sie dir nicht zugeordnet werden können. Damit würdest du einen anonymen Account erstellen und könntest sogar Kommentare hinterlassen, die du mit deinem offiziellen Account lieber nicht schreiben würdest …

11.4 Mit Tags spammen

Auch mit den Tags kannst du YouTube manipulieren. Wenn du die meistgesuchten Tags bei deinem Video in der Videobeschreibung, im Titel und in den Tags aufführst, wird es auch häufiger angeklickt. Das verstößt allerdings explizit gegen die YouTube-Richtlinien, dürfte aber schwer herauszufinden sein. Problematisch wird es für dich, wenn sich jemand dein Video anschaut und feststellt, dass es so gar nicht zu den Tags passen will, nach denen er gesucht hat. Die Wahrscheinlichkeit ist daher groß, dass dein Video dann nicht den Erwartungen vieler Zuschauer entspricht, sodass es schlecht bewertet wird und du dir mit diesem Trick fiese Kommentare einhandelst. Zwar kannst du die sperren, aber Videos ohne Kommentare und Bewertung machen auf YouTube keinen Spaß.

11.5 Und sonst …

… gibt es immer wieder neue Tricks und Programme, um YouTube zu manipulie-
ren. Da werden mal Skripte in die Kommentare eingeschleust oder es werden neue
Bots entwickelt. Zu verführerisch ist es, das größte Videoportal der Welt zu manipulieren. Allerdings bringen alle diese Manipulationen jemandem, der mit seinen
Videos eine Öffentlichkeit erreichen will, rein gar nichts. Wenn du dauerhaft auf
YouTube Erfolg haben willst, solltest du alle Kniffe aus diesem Kapitel vergessen.
Denk immer daran, dass sie mit einem erheblichen Risiko verbunden sind. Hast
du also schon Erfolg mit deinem Kanal, solltest du alles hier Erwähnte meiden wie
der Teufel das Weihwasser. Der Schuss geht schneller nach hinten los, als du denkst.

Unser Videotipp

FUSSBALL: FRÜHER VS. HEUTE

349.702 Aufrufe

16.695   507   TEILEN

BULLSHIT TV

Veröffentlicht am 28.05.2017

1,5 MIO. ABONNIEREN

Die großen deutschen YouTube-Kanäle

Sami Slimani

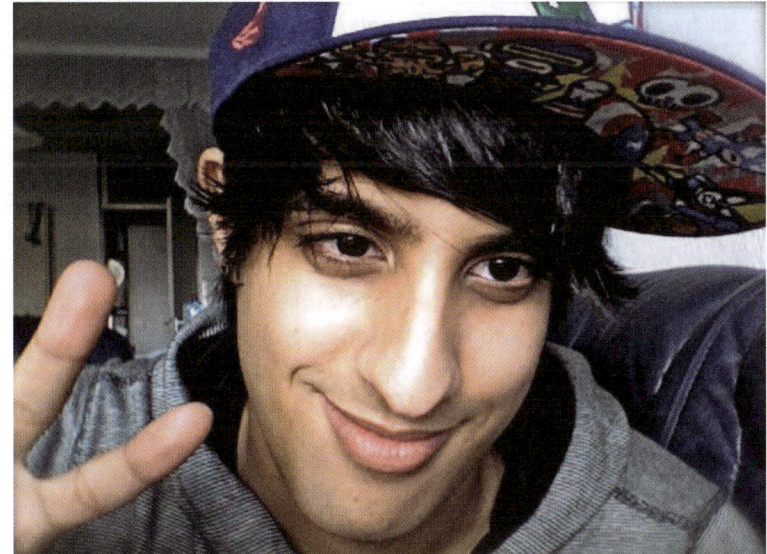

Sami Slimani

Sami Slimani, früher auch bekannt als HerrTutorial, ist ein typisches YouTube-Phänomen. Er betreibt einen Kanal, in dem er vor allem Pflege- und Lebenstipps gibt. Allerdings ist Sami dabei eine echte Ausnahme als einer der wenigen Männer in diesem Bereich. Denn in der Regel sind es meistens Frauen, die zeigen, was man so alles mit dem Gesicht in Sachen Pflege und Schminken machen kann. Sami hat sich dabei mehr in Richtung Pflege orientiert. Fast jeden Tag gibt es ein neues Video von ihm. Wenn er gerade keine Videos macht, twittert er oder ist auf Facebook online. Dass der Beauty-Lifestyle-Fashion-Bereich ein solches Massenphänomen auf YouTube geworden ist, hat zahlreiche Beobachter ziemlich überrascht. Inzwischen gibt es unzählige solcher Kanäle, die zum Teil auch sehr erfolgreich sind.

Auch Sami Slimani haben wir für Clixoom interviewt. Es war unser erstes Interview mit einem prominenten YouTuber. Das Treffen mit Sami Slimani fing ziemlich chaotisch an. Allerdings wunderte uns das nicht, denn er hatte bis dahin noch kein richtiges Interview gegeben und konnte sich nicht vorstellen, was es heißt, wenn ein Kamerateam ihn filmt. Wir hatten ihn nach einem Drehort für unser Clixoom-Interview gefragt und er schlug das Starbucks in Esslingen vor. Aber da war es bei unserer Ankunft ziemlich voll und vor allem furchtbar laut. Für ein Interview, bei dem ein verständlicher Ton ja äußerst wichtig ist, sind solche Drehorte nicht zu gebrauchen. Eine halbe Stunde irrten wir durch Esslingen, um einen neuen Drehort zu finden. Schließlich fuhren wir nach Stuttgart in ein Einkaufszentrum und wurden in einem Möbelhaus freundlich aufgenommen, wo wir uns in einer gemütlichen Sofaecke für das Interview einrichteten.

Kaum hatten wir uns hingesetzt, geschah etwas Symptomatisches: Sami wurde von drei Mädels erkannt. »Der sieht aus wir Herr Tutorial!«, hörten wir zuerst aus einer Ecke. Dann: »Das ist er!« Sami war etwas perplex und reagierte eher ein bisschen unsicher: »Hi!« Seine schüchterne Reaktion interpretierten sie als Kontaktaufnahme und quittieren sie mit einem Wortschwall: »Super Videos! Wir haben dich abonniert!« Sami grüßte und wandte sich, leicht aus dem Konzept gebracht, wieder unserem Interview zu. Wir waren inhaltlich sofort beim Kern seiner Karriere: Er hatte zwar ein genaues Konzept, was er machen sollte, aber der Erfolg hat ihn dann doch überrannt und ohne Manager oder andere Unterstützung musste er seinen plötzlichen YouTube-Ruhm irgendwie in den Griff kriegen. Fast unbemerkt von der Öffentlichkeit außerhalb des YouTube-Universums haben sich hier Stars entwickelt und sind damit selbst vollkommen unvorbereitet ins kalte Wasser gesprungen.

Nach dem Interview besuchten wir Sami zu Hause. Erst im letzten Moment hatten wir von ihm seine Adresse erhalten mit dem Versprechen, sie auf keinen Fall weiterzugeben. Das beobachten wir immer wieder bei YouTubern: Weil ihnen die »Berufserfahrung« fehlt und kein Manager sie betreut, sind sie ihren Fans und Journalisten schutzlos ausgeliefert und deshalb oft übertrieben vorsichtig. Da kann sich eine Kontaktaufnahme schon mal über Monate hinziehen. Zudem sind ihre diversen Postfächer, Twitter-Accounts usw. chronisch überfüllt, sodass viele Nachrichten oft übersehen werden. Nicht selten müssen wir E-Mails an befreundete YouTuber zwei- oder dreimal senden, bis sie beantwortet werden.

Sein »Studio« zu Hause war dann auch, wie zu erwarten, sein Jugendzimmer und sah genauso aus. Gegenüber dem Fenster an der Schmalseite des Zimmers stand ein Computertisch, der aber anscheinend nicht oft benutzt wurde. Seine Videos, in denen er meist einfach vor der Kamera saß, nahm er an seinem Fenster auf. Das war eine nicht ganz ungeschickte Lösung, denn so kam von vorne gleichmäßiges Licht und er war ganz gut beleuchtet. Allerdings war das Fenster so niedrig eingebaut, dass er sein MacBook mit der eingebauten Webcam auf die Heizung vor dem Fenster stellen musste und sich selbst davor auf ein Sitzkissen gekniet hat.

Über dem Bett hing eine riesige Pinnwand mit seiner Fanpost. Aber das war noch nicht alles. Neben dem Bett stand ein Kasten mit unzähligen Fanbriefen. Es dürften an die Tausend gewesen sein. Alle waren sehr liebevoll gestaltet und schienen fast ausschließlich von Mädchen zu stammen.

Auch heute, fünf Jahre nach unserem Interview, hält Sami engen Kontakt zu seinen Zuschauern und Fans. Er twittert, hat diverse Social-Media-Accounts und postet regelmäßig auf Instagram.

Der riesige Erfolg bei YouTube hat sein Leben komplett verändert. Sami hat seine Leidenschaft zum Beruf gemacht. Als Spezialist für Beauty und Fashion baut er seine Aktivitäten immer weiter aus. Er unterhält einen eigenen Fashion Blog, arbeitet für Lifestyle-Unternehmen. Auch im TV konnte man ihn schon als Moderator sehen.

Die Leidenschaft für YouTube hat auch Samis Schwestern angesteckt. Dounia und Lamiya Slimani sind fast genauso erfolgreich auf YouTube unterwegs. Auch bei ihnen dreht sich alles um Lifestyle. Häufig können die Fans auch alle drei Geschwister gemeinsam in Videos oder auf Veranstaltungen sehen.

Unser Videotipp

Was ich euch bis jetzt verschwiegen habe.. | Real Life Update | Sami Slimani

472.545 Aufrufe   👍 43.974   👎 1.645   ➤ TEILEN   ＝₊   ...

Sami Slimani ✓
Veröffentlicht am 19.03.2017   1,6 MIO. ABONNIEREN

Unser Videotipp

0:24 / 3:58

KURZ GESAGT, ICH KONKURRIERE mit Bibisbeautypalace

726.869 Aufrufe

👍 31.631   👎 1.730   ↗ TEILEN   ⊞

 LiDiRo ✓
Veröffentlicht am 05.05.2017

238.000 ABONNIEREN

12 Probleme mit YouTube

»Computer sind auch nur Menschen!« Das ist zwar Quatsch, aber manchmal verhalten Computer sich wirklich so: absolut unkalkulierbar, unlogisch und undurchschaubar. Auch hinter YouTube stecken Computer und so gibt es immer wieder Probleme mit dem Portal.

12.1 Upload-Probleme

Immer wieder gibt es Upload-Probleme, die sich unterschiedlich auswirken. So wird beispielsweise dein Video zwar hochgeladen, aber die Verarbeitung dauert dann ewig und drei Tage. Wir haben auch schon erlebt, dass sie nie beendet wird. Hier gibt es aber eine einfache Lösung: Lade das Video noch einmal hoch, und wenn es wieder hakt, noch einmal. Und wenn es dann wieder hakt: noch einmal … Extrem vorsichtig musst du aber dabei sein, die nicht verarbeiteten Videos zu löschen. Manchmal gibt es dabei Anzeigefehler und du löschst ein ganz anderes Video aus deinem Kanal. Wir haben uns auf diese Weise schon einmal komplett alle Videos eines Interviewpartners gelöscht. Normalerweise erkennt das System aber nach einigen Stunden, dass es sich bei den mehrfach hochgeladenen Videos um die gleichen Videos handelt, und schaltet diese gar nicht erst frei. Keine Panik!

12.2 Codierungsprobleme

Wenn YouTube bei der Komprimierung Fehler in das Video einbaut, dann sind sie drin. Hier bist du YouTube ausgeliefert. Unser Eindruck ist, dass YouTube vor dieser Codierung zunächst ein hochaufgelöstes Video erstellt, aus dem die anderen Komprimierungen berechnet werden. Taucht hier schon ein Fehler auf, dann ist er in allen Videos zu sehen. Wenn du das Video nicht sofort neu hochlädst oder den Fehler erst nach einigen Video-Aufrufen (die du aber behalten willst) feststellst, dann hast du Pech gehabt. Du fühlst Panik aufsteigen!

Du kannst aber auch deine Videos erst einmal privat hochladen und dann checken. So bist du auf der sicheren Seite und kannst das Video im Notfall erneut hochladen. Keine Panik!

Allerdings gibt es Fehler, die im Komprimierungsalgorithmus stecken und in bestimmten Schnitten und Kamerabewegungen immer wieder auftauchen. Daran kannst du ohne Schnittkorrekturen in deinem Video nichts ändern. Du musst dann entscheiden, ob es dir die viele Arbeit wert ist, ohne dabei zu wissen, ob der Umschnitt auch wirklich hilft.

12.3 Unveröffentlichte Videos

Die letzte Hürde, die dein Video nehmen muss, ist die Veröffentlichung. Wenn dein Video online ist, wird es langsam auf den Startseiten deiner Abonnenten angezeigt. Im Videomanager gibt es den Punkt *Veröffentlicht*. Manchmal kann es zu Problemen kommen und dein Video landet nicht in den Aboboxen deiner Community. Das merkst du zum Beispiel daran, ob die Entwicklung der Views so anders als bei deinen früheren Videos verläuft. So steht schnell fest, ob das Video veröffentlicht wurde oder nicht. Wenn nicht, schafft hier nur ein Bulletin Abhilfe oder die zusätzliche Veröffentlichung in sozialen Netzwerken.

12.4 Nicht zugestellte Mails

Auf YouTube reicht es nicht immer aus, die E-Mails einfach nur abzusenden. Vergewissere dich besser, ob unter der Rubrik *Gesendet* in deinem Postfach alle Mails auch verschickt wurden. Manchmal fehlt die ein oder andere Nachricht und du wunderst dich, warum keine Antwort kommt. Einfach noch einmal versenden. Möglicherweise musst du einige Stunden warten, bis du deine E-Mail verschicken kannst.

12.5 Nicht veröffentlichte Kommentare

Auch dieser Bug ist manchmal etwas nervend. Da machst du dir ohne Ende Gedanken und schickst deinen Kommentar ab, aber er wird nicht veröffentlicht. Zu blöd – du kommst auch nicht mehr an deinen Text ran, um ihn zu kopieren. Das ist einfach Pech! Das passiert übrigens auch gerne immer wieder im »Normalbetrieb«. Du schaust ein Video, tippst einen Kommentar und dann ist das Video während des Tippens zu Ende und es wird das nächste Video gestartet. Auch dann ist dein Kommentar einfach weg. Der einzige Workaround ist, den Text vorher in einem Textprogramm zu tippen und dann in die Kommentarbox zu kopieren. Das ist übrigens auch für E-Mails auf diversen anderen Webseiten ratsam. YouTube kündigt solche Fehlfunktionen leider nicht vorher an.

12.6 Deaktivierte Funktionen

Immer wieder kommt es vor, dass komplette Funktionen deaktiviert sind oder einfach nicht funktionieren. Manchmal kannst du beispielsweise Kanäle nicht abonnieren oder, oder, oder. Wichtig ist: Wenn es dir auffällt, informiere die anderen YouTuber. Oft ist so ein Bug überhaupt noch nicht aufgefallen, weil er nicht sofort ersichtlich ist. Es ist also durchaus möglich, dass du der Erste bist, der es bemerkt. Umso intensiver du auf YouTube aktiv bist, desto öfter werden dir solche Ungereimtheiten auffallen. Scheue auch nicht davor zurück, es YouTube zu mailen oder sonst wie mitzuteilen. Wir haben schon oft erlebt, dass das YouTube-Team einen Fehler noch gar nicht bemerkt hatte, weil jeder dachte, dass die anderen es schon wissen werden.

Unser Videotipp

Wir müssen BABYSITTEN! 🍼 - ALS SCHÜLER GELD VERDIENEN... 🌱| Die Lochis

1.084.332 Aufrufe

 👍 50.505 👎 1.790 ↗ TEILEN ➕ ...

DieLochis ✓
Veröffentlicht am 17.06.2017

2.4 MIO. ABONNIEREN

Unser Videotipp

ICH WÜNSCHTE ICH HÄTTE NIE DAMIT ANGEFANGEN | Melina Sophie

1.039.003 Aufrufe   👍 57.086   👎 3.675   ➔ TEILEN   ⊞+   •••

Melina Sophie ✓
Veröffentlicht am 09.04.2017   1,7 MIO. ABONNIEREN

13 Geld verdienen mit YouTube

Tatsächlich ist es möglich, mit YouTube Geld zu verdienen. Hierfür gibt es das *YouTube-Partnerprogramm*. In dieses können einzelne Videos oder ganze Kanäle aufgenommen werden. Vor den Videos und/oder Kanälen kann dann Werbung gezeigt werden, an deren Einnahmen die Partner beteiligt sind. Außerdem gibt es für Partner einige zusätzliche Möglichkeiten, ihren Kanal zu gestalten und zum Beispiel selbst kreierte Thumbnails hochzuladen.

13.1 Partnerkanal werden

Im Prinzip kann jeder auf YouTube einen Partnerkanal einrichten. Dazu sind allerdings ein paar Bedingungen zu erfüllen. Zum einen musst du mindestens 10.000 Views auf deinem Kanal haben und das Urheberrecht noch strenger beachten, als es ohnehin schon auf YouTube notwendig ist. Wer Millionen Klicks mit aufgezeichneten Fernsehsendungen bekommt, kann kein Partner werden, weil das eine erhebliche Verletzung des Urheberrechts darstellt. Partner kannst du also nur werden, wenn alles, was du online stellst, von dir stammt und du es selbst gedreht hast

Dabei gibt es immer wieder Ausnahmen. YouTube zieht sich in diesen Fällen darauf zurück, dass jeder Nutzer selbst für seine Inhalte verantwortlich ist.

Partner wirst du heute im Prinzip mit einem Mausklick. In den Kanaleinstellungen musst du das Land auswählen, in dem dein Kanal Inhalte zur Verfügung stellt, und dann aktivierst du die Monetarisierung und schon kannst du mit deinen Videos Geld verdienen.

13.2 Und wieder aus dem Partnerprogramm rausfliegen

Aus dem Partnerprogramm kannst du auch wieder rausfliegen. Du musst dich noch strenger als üblich an die *Community-Richtlinien* halten und sie genauestens beachten! Die schlimmsten Verstöße sind Urheberrechtsvergehen und jegliche Manipulationen an den Werbeeinnahmen. So ist es zum Beispiel strikt verboten, auf die Werbung im Umfeld der eigenen Videos zu klicken. Auch die eigenen Abonnenten dazu aufzufordern, soll schon zur Aberkennung des Partnerstatus geführt haben. Für YouTube ist ein solcher Verstoß sehr leicht aufzuspüren, da verstärkte Klicks auf Werbung auf einem Kanal immer auf Manipulationen hindeuten. Meist wird nicht lange gefackelt. Wer einmal aufgefallen ist, kann keinen neuen Kanal mehr in das Partnerprogramm aufnehmen lassen; im Normalfall jedenfalls nicht. Auch bei Urheberrechtsverstößen verhält es sich ähnlich. Wer hier einige Male negativ aufgefallen ist, wird erhebliche Schwierigkeiten haben, Partner zu werden. Viele Partner sind allerdings sehr risikofreudig. Das kann gutgehen, es kann aber auch schiefgehen. Wer jedenfalls kein Risiko eingehen möchte, sollte sich ziemlich genau an die Richtlinien halten .

13.3 Werbung auf YouTube

Auf YouTube gibt es die unterschiedlichsten Arten von Werbung: *Prerolls* (Werbung, die vor deinem Video läuft), Display Ads (Banneranzeigen, die auf der Videoseite im Video und neben dem Video auftauchen), *Postrolls* (Werbung, die nach dem Video läuft), *Midrolls* (Werbung, die mitten in deinem Video läuft), *Banner* im Video (zum Beispiel Werbetafeln, die von unten in dein Video eingeblendet werden) und spezielle Werbeformen auf der Startseite oder als gesponserte Videos. Positiv ist, dass YouTube nicht mit diversen Bannern zugepflastert ist. Nicht so toll ist, dass deine Videos manchmal mit Spots geradezu bombardiert werden. YouTube ist sehr straff organisiert, sodass Werbung nicht wild über das Portal verteilt wird, sondern nur ganz bestimmte Werbeformate existieren, die gebucht werden können. Eine besonders benutzerfreundliche Werbeform ist *TrueView*. Hierbei können in der sogenannten »InStream«-Variante Werbespots nach fünf Sekunden übersprungen werden. YouTube scheint sich damit auch bei der Produktion von Spots ganz neue Wege zu erhoffen, sodass Werbung nicht mehr als störend, sondern als willkommene Abwechslung empfunden wird. Da kann man gespannt sein.

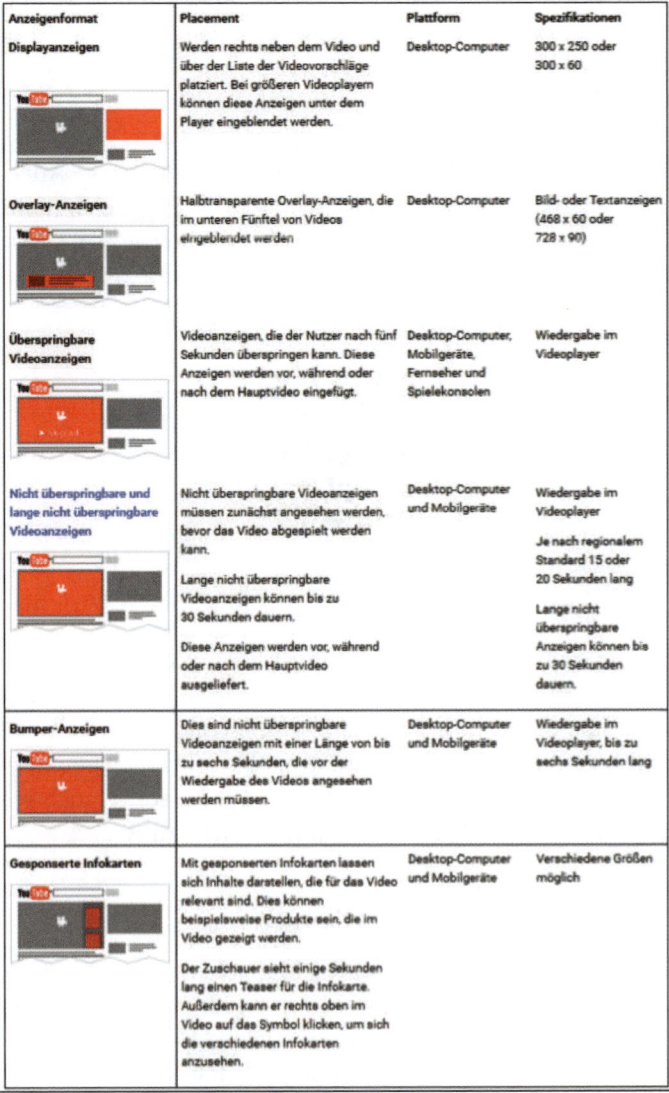

Anzeigenformat	Placement	Plattform	Spezifikationen
Displayanzeigen	Werden rechts neben dem Video und über der Liste der Videovorschläge platziert. Bei größeren Videoplayern können diese Anzeigen unter dem Player eingeblendet werden.	Desktop-Computer	300 x 250 oder 300 x 60
Overlay-Anzeigen	Halbtransparente Overlay-Anzeigen, die im unteren Fünftel von Videos eingeblendet werden	Desktop-Computer	Bild- oder Textanzeigen (468 x 60 oder 728 x 90)
Überspringbare Videoanzeigen	Videoanzeigen, die der Nutzer nach fünf Sekunden überspringen kann. Diese Anzeigen werden vor, während oder nach dem Hauptvideo eingefügt.	Desktop-Computer, Mobilgeräte, Fernseher und Spielekonsolen	Wiedergabe im Videoplayer
Nicht überspringbare und lange nicht überspringbare Videoanzeigen	Nicht überspringbare Videoanzeigen müssen zunächst angesehen werden, bevor das Video abgespielt werden kann. Lange nicht überspringbare Videoanzeigen können bis zu 30 Sekunden dauern. Diese Anzeigen werden vor, während oder nach dem Hauptvideo ausgeliefert.	Desktop-Computer und Mobilgeräte	Wiedergabe im Videoplayer Je nach regionalem Standard 15 oder 20 Sekunden lang Lange nicht überspringbare Anzeigen können bis zu 30 Sekunden dauern.
Bumper-Anzeigen	Dies sind nicht überspringbare Videoanzeigen mit einer Länge von bis zu sechs Sekunden, die vor der Wiedergabe des Videos angesehen werden müssen.	Desktop-Computer und Mobilgeräte	Wiedergabe im Videoplayer, bis zu sechs Sekunden lang
Gesponserte Infokarten	Mit gesponserten Infokarten lassen sich Inhalte darstellen, die für das Video relevant sind. Dies können beispielsweise Produkte sein, die im Video gezeigt werden. Der Zuschauer sieht einige Sekunden lang einen Teaser für die Infokarte. Außerdem kann er rechts oben im Video auf das Symbol klicken, um sich die verschiedenen Infokarten anzusehen.	Desktop-Computer und Mobilgeräte	Verschiedene Größen möglich

Verschiedene Anzeigeformen auf YouTube

Es gibt bei YouTube zwei Vertriebskanäle: Das ist zum einen *AdSense*, über das jeder Werbekunde seine Werbung schalten kann, und zum anderen *Doubleclick*, das als Vermarkter auftritt und eigenständig Werbekunden besorgt. Doubleclick vermittelt sehr hochwertige Kunden, die zum einen einen höheren Preis für die Werbung zahlen und deren Spots zum anderen nicht ständig laufen, sodass die Geduld der Zuschauer geschont wird. Beide Seiten haben so Vorteile: Der Werbekunde bekommt reservierte Werbeplätze zu Fixpreisen und der Zuschauer wird nicht genervt. Bei AdSense ist das leider anders. Hier kann jeder über einen Ad-Words-Account beispielsweise Prerolls schalten. Diese Werbeplätze werden versteigert und immer belegt, wenn keine Werbung von Doubleclick läuft. Wer am meisten zahlt, bekommt den Zuschlag. Das kann allerdings zu unangenehmen Erscheinungen führen, wie zum Beispiel im Sommer 2010: Da wurde ständig ein nerviger Werbespot für den WM-Hit »Helele« gezeigt. Diese AdSense-Prerolls laufen dann leider auch ständig, sodass man sie im Zweifel innerhalb weniger Minuten mehrmals sieht. Bei diesem Spot war es so heftig, dass er sogar in den Kommentaren unterhalb der Videos stark kritisiert wurde. Nach einigen Wochen war er nur noch Abschreckung statt Werbung.

QR-Code zum Helele-Spot

Die Beschränkung auf bestimmte Formate ist aber auch sehr wohltuend. Außer unten im Video als Banner, sodass man sie auch wegklicken kann, und rechts daneben als Rectangle gibt es auf der Kanalseite nichts. So bietet YouTube seinen Partnern die Möglichkeit, etwas zu verdienen, ohne die Nutzer zu nerven. Nur die Frequenz der Spots, die über AdSense hereinkommen, sollte noch reduziert werden. Darüber beschweren sich die Nutzer nicht selten zu Recht.

13.4 Sponsoring des eigenen Kanals

Dabei handelt es sich um eine interessante Möglichkeit, zusätzlich Geld mit seinen Videos zu verdienen. Selbst Nichtpartner können ein paar der angebotenen Möglichkeiten nutzen. Zumindest können sie zum Beispiel über Produkttests an heiß ersehnte Hardware gelangen. So gibt es einige Kanäle, die Produkte testen. Diese werden gerne von Herstellern oder Händlern für den Test (und darüber hinaus) kostenlos zur Verfügung gestellt. Wichtig ist, dieses Verhältnis zwischen dir und dem Hersteller des Produktes transparent zu machen und die Produkte realistisch zu testen. Wer lediglich reine Werbevideos dreht, macht sich bei seinen Abonnenten schnell unglaubwürdig. Der Sponsor und du haben beide Vorteile von einer reinen redaktionellen Einbindung: Er bekommt vom Kanal kostenlos ein Video, das er auch für sich nutzen kann, und du kannst das Produkt behalten. So haben beide Seiten etwas davon. Wichtig sind stets Transparenz und die Trennung von Werbung und redaktionellem Inhalt.

Bei größeren Kanälen kann sich schon echtes Sponsoring lohnen. Das bedeutet, dass ein Hersteller für die Platzierung eines Produktes oder einer Marke Geld bezahlt. YouTube erlaubt das innerhalb gewisser Grenzen. Das heißt, dass du als Partner beispielsweise deinen Kanal von einer Marke präsentieren lassen kannst und das auch durch entsprechende Logos verdeutlichen darfst. In einigen Kanälen findet man deshalb Markenlogos oder Ähnliches im Kanalbanner. Auch in Videos können Produkte werblich präsentiert werden. Dafür ermöglicht YouTube sogar explizit die Markierung des Videos als eines, das eine bezahlte Produktplatzicrung enthält. Dann wird keine Werbung als Banner, Pre-, Mid- oder Postroll gezeigt.

Zudem bietet YouTube hier auch noch die Möglichkeit, diese Videos besonders auf YouTube zu platzieren. *Sponsored Videos* heißt diese Werbeform. Du kannst als Partner im Umfeld bestimmter Suchwörter Videos besonders hervorgehoben anzeigen lassen. Für dich und deinen Sponsor hat das den Vorteil, mehr Klicks hinzuzugewinnen und so eine größere Anzahl an Videoaufrufen zu erreichen. Außerdem kann der Sponsor sicher sein, dass das Video nur von solchen Nutzern angeklickt wird, die der Titel bzw. Inhalt des Videos auch interessiert. Das ist für den Sponsor oft interessanter als Prerolls, weil nur für einen Videoaufruf bezahlt wird, der jemanden mit wirklichem Interesse erreicht. Zudem hat der Sponsor den Vorteil, dass er kein Werbevideo zeigt, sondern als Sponsor in redaktionellen Inhalt eingebunden ist. Das hat oft eine höhere Werbewirksamkeit.

13.5 Netzwerkmitglied werden

Schon ein Jahr nach Gründung von YouTube entstand in den USA das erste Netzwerk auf YouTube, das Next New Network. Die Logik dahinter ist simpel: YouTube ist wie ein Satellit lediglich ein technischer Verbreitungskanal. Was fehlt, waren die Networks, wie TV-Sender in den USA genannt werden. Diese Idee hat sich langsam verbreitet und ist inzwischen ein von YouTube unterstützter Weg, mehr Zuschauer zu erreichen. Das Prinzip dabei: Viele Kanäle tun sich zusammen und unterstützen sich gegenseitig. Dadurch haben selbst kleine Kanäle die Möglichkeit, Millionen Zuschauer zu erreichen, und sie werden vom Netzwerkbeitritt an zu 100% monetarisiert. Wie auch YouTube, wird das Netzwerk dabei am Umsatz beteiligt. Trotz dieser Beteiligung steigen aber die Einnahmen deutlich schneller. Erstens wird von Beginn an voll monetarisiert, zweitens steigen die Views und damit der Umsatz viel schneller und drittens haben die Netzwerke zum Teil eigene Werbekunden, die den Umsatz pro Kanal steigern..

Wie bei jedem Vertrag solltest du dir genau anschauen, was dir das Netzwerk bietet und was es dafür von dir verlangt. Es gibt die unterschiedlichsten Vertragsmodelle und vor allem sind die Netzwerke unterschiedlich erfolgreich.

Wichtige Fragen sind vor allem:
- Was bietet dir das Netzwerk?
- Ist der Standort des Netzwerkes in deinem Heimatland?
- Wie lang ist die Vertragslaufzeit?
- Wie sieht der Partnersupport aus? Wirst du bei der Verbesserung deines Kanals und deiner Videos unterstützt?
- Hat das Netzwerk einen eigenen Vermarkter, der zusätzliche Werbung einkauft?
- Hast du Einblick in die Einnahmen, die dein Kanal vor der Beteiligung des Netzwerkes erzielt?
- Wird für deinen Kanal geworben? Also wird die Zusammenarbeit mit anderen Kanälen im Netzwerk unterstützt und gibt es Crosspromo zwischen den Kanälen?

Entscheidend für ein Netzwerk sind Erfolgsbeispiele. Hier solltest du dir genau ansehen, ob im Netzwerk kleine Kanäle deutlich gewachsen sind. Konnte die Qualität von Kanälen gesteigert werden? Haben sich die Views mit Netzwerkbeitritt erhöht?

Unser Videotipp

10 Arten von YouTubern 2.0
1.497.902 Aufrufe

 73.738  1.346   TEILEN

SPACE RADIO
Veröffentlicht am 23.03.2016

 1 MIO. ABONNIEREN

Die großen deutschen YouTube-Kanäle

ApeCrime

ApeCrime, das sind Jan, Cengiz und Andre. Die drei kommen aus einem kleinen Ort bei Hannover. 2010 konnten sie bei Secret Talents teilnehmen, dem YouTube-Wettbewerb für Nachwuchstalente. Aber geklappt hat's nichts so richtig. Die Jungs hatten nicht darauf geachtet, dass sie Musik für ihr Video benutzt haben, die nicht freigegeben war. Und mit einem gesperrten Video kommt man bekanntlich nicht wirklich weiter. Trotz aller Rückschläge blieb es ihr Traum, mit Videos erfolgreich zu werden. Das Studium an einer Hamburger Schauspielschule haben sie nach ein paar Monaten geschmissen. Sie fanden, dass sie dort zu wenig für zu viel Geld lernten. Den Gedanken an ein Studium oder eine Berufsausbildung haben die drei dann erst mal abgehakt. Inzwischen hatten sie Y-Titty in Köln kennengelernt und Y-Titty und ApeCrime stellten schnell fest, wie gut sie zueinanderpassen.

ApeCrime

Nicht nur, dass jede Truppe einen Türken dabeihat, sondern auch ihre Erfolgsstory lief so ähnlich: Drei Freunde, die im gleichen Alter angefangen haben, aus Langeweile witzige Videos zu drehen. Kurz entschlossen zogen sie nach Köln zu Y-Titty und machten ihr Hobby zum Beruf. Nicht nur ihr eigener Kanal entwickelte sich prächtig. Sie gehörten auch zum ersten Cast von Ponk, dem erfolgreichsten Original Channel Deutschlands.

Unser Videotipp

KINDER FRÜHER VS. HEUTE 3

5.437.556 Aufrufe

190.489   4.700   ↗ TEILEN   ≡₊   •••

ApeCrime ✓
Veröffentlicht am 09.07.2016

3,5 MIO. ABONNIEREN

14 Erfolgreich werden

Es ist eigentlich einfach, auf YouTube erfolgreich zu werden. Es gehören nur wenige Dinge dazu, die du beachten musst. Wenn du alles richtig machst, Durchhaltevermögen zeigst, mit deinen Zuschauern Kontakt hältst und authentisch bist, dann sollte es eigentlich klappen.

14.1 Die Idee

Zermartere dir den Kopf, was wirklich auf YouTube fehlt. Stelle dir möglichst viele Fragen und suche nach Antworten. Mit jeder Antwort wird deine Idee konkreter. Womit sind andere erfolgreich? Was sind die gefragtesten Suchwörter? Wie sehen die Videos aus, die am erfolgreichsten sind? Gibt es gerade einen Trend? Und so weiter und so fort. Sei auch kreativ bei den Fragen! Vielleicht findest du Fragen, die sich bisher niemand gestellt hat. Versuche dir auch ein bisschen Zeit dafür zu nehmen. Über Clixoom haben wir zwei Jahre nachgedacht, bevor wir angefangen haben. Danach brauchten wir kaum noch etwas an dem Konzept zu ändern, weil alles so geklappt hat, wie wir es uns erhofft hatten. Aber nichts währt ewig und nach ein paar Jahren haben wir unser Konzept zu Clixoom – Science & Fiction geändert. Wie du siehst, ist es auch möglich, verschiedene Konzepte auszuprobieren. Wenn du zu früh anfängst und immer wieder etwas Grundlegendes ändern musst, vergrätzt du allerdings nur deine Zuschauer.

Wenn die Produktion deiner Videos mit Kosten verbunden ist, so wie bei Clixoom, wirst du sowieso sehr viel genauer über dein Konzept nachdenken, weil du ja kein Geld in den Sand setzen willst. Ist dein Format aber ganz billig zu produzieren, weil du nur vor deiner Webcam redest, kannst du schon eher ein bisschen rumprobieren.

14.2 Die Strategie

Die Zuschauer kommen nicht von selbst! Du musst daran arbeiten: Anregungen aufnehmen, mit ihnen auf allen Wegen kommunizieren und vor allem mit anderen Kanälen zusammenarbeiten. Im Idealfall ist deine Idee so gut, dass sogar Kanäle mit mehr Abonnenten dich in ihrer Kanalbox empfehlen. Auf jeden Fall solltest du immer mit Kanälen mit ähnlichen Abo-Zahlen und einer ähnlichen Zielgruppe (das ist meistens thematisch bedingt) kooperieren. Es hat also keinen Sinn, wenn sich ein *Let's Play!-Kanal*, also ein Kanal, auf dem es nur um Computerspiele geht, mit einem Pflege-Guru-Kanal zusammentut. Produziere Collab-Videos, gehe zu YouTuber-Treffen usw.

14.3 Durchhaltevermögen

Das ist das Wichtigste bei allem: Du brauchst ein unglaubliches Durchhaltevermögen. Y-TITTY haben lange gebraucht, bis die Abo-Zahlen wirklich in die Höhe schnellten. Auch wenn das Internet ein schnelllebiges Medium ist – Erfolg braucht seine Zeit. Vielleicht ist es sogar ein Phänomen auf YouTube, dass gar nicht die witzigsten und unterhaltsamsten YouTuber Erfolg haben, sondern eben jene, die nie aufgegeben haben. Wer weiß? Finde es heraus!

14.4 Den YouTube-Algorithmus nutzen

YouTube hat 2016 den Algorithmus feingetunt, was zum Teil erhebliche Konsequenzen für die Creator bedeutet hat. Viele hatten zurückgehende Views und Einnahmen. Damals hat YouTube dem Deep Learning (gemeint ist eine Art maschinelles Lernen) ein höheres Gewicht auf seiner Plattform gegeben. Nicht mehr abonnierte Kanäle wurden den Nutzern bevorzugt angezeigt, sondern Empfehlungen des YouTube-Algorithmus. Spätestens seitdem lernt der Algorithmus noch effektiver, welche Videos er seinen Nutzern empfiehlt. Das hat erhebliche Konsequenzen. Der Algorithmus ist jetzt viel besser in der Lage, die Zuschauer zu finden, die sich wirklich für den jeweiligen Content interessieren. Die erste Konsequenz ist, dass die Watchtime, also die Zeit, wie lange ein Video gesehen wird, wirklich nur noch vom Inhalt abhängt. Während sie früher regelrecht zusammenbrach, wenn das Video auch von Zuschauern gesehen wurde, die keine Abonnenten waren, ist dieser Effekt deutlich reduziert. YouTube ist inzwischen perfekt in der Lage, passende Zuschauer für den Content zu finden. Hierzu analysiert der Algorithmus die Watch History, die Search History und sammelt demografische Informationen über den Zuschauer. Der Algorithmus sieht sich also sehr genau an: Was hat der oder die Zuschauerin bisher gesehen, was hat er bisher gesucht und wie alt ist er oder sie, welches Geschlecht hat er oder sie usw. Dann sucht der Algorithmus die Videos in zwei Stufen aus. In der ersten Stufe, der CANDIDATE GENERATION, werden die Videos ausgewählt, die dem User überhaupt empfohlen werden sollen. Hier fließen bereits die View History und Search History und die demografischen Erkenntnisse ein. Und es wird geprüft, was andere Nutzer gesehen haben, die ähnliche Vorlieben haben. In der nächsten Stufe wird das Ranking bestimmt. Hier werden unzählige weitere Kriterien herangezogen, um das Ranking der Videos, die dann empfohlen werden, zu bestimmen. Nach diesem Ranking entscheidet sich, wo, wann und an welcher Position welches Video empfohlen wird. Das hat dramatische Konsequenzen. Personenorientierte Inhalte fallen so massiv aus den Empfehlungen heraus. PewDiePie oder in Deutschland Kelly MissesVlog haben massiv darunter gelitten und auch entsprechende Beschwerdevideos produziert. Aber es liegt natürlich in der Natur der Sache, dass ein Algorithmus, der vergleichbare und ähnliche Inhalte sucht, sie nicht bei solchen Kanälen findet. Vergleichbar und damit empfehlbar ist nur Content. Und mit Content ist richtiger Content gemeint. Das heißt Comedy, Content für Kinder, Wissenschaft (wie bei Clixoom), Musik, Nachrichten usw. Unsere These ist deshalb, dass der Content so gut sein muss, dass er selbst dann gesehen wird, wenn die Zuschauer die Protagonisten gar nicht mögen. Das ist perfekter Content für den Algorithmus, da die Watchtime unabhängig von der Präsentation funktioniert. Egal, welchem Zuschauer das jeweilige Video empfohlen wird. Die Watchtime bleibt gleich lang. Für diese Empfehlungen spielt auch eine große Rolle, wie oft jemand Videos von einem bestimmten Kanal gesehen hat. Nur wenn das öfter in der Woche geschieht, dann bekommt er Videos von diesem Kanal auch empfohlen. Die Konsequenz: mindestens zwei, am besten drei Videos pro Woche oder tägliche Videos produzieren. Und diese sollten lang sein. Ein Kanal mit guten langen Videos mit einem spezifischen Format wird mit dem neuen Algorithmus den größten Erfolg haben. Er wird einen hohen Anteil von Abonnenten mit jedem neuen Video erreichen, was auch entscheidend für den Algorithmus ist. Wir haben es mit Clixoom genau so gemacht: ein klares spezifisches Format, tägliche Videos, Aufforderung an die Zuschauer, den Kanal nicht nur zu abonnieren, sondern auch die Mitteilungen für neue Videos zu aktivieren, um mehr Abonnenten auf die Videos zu lenken, längere Videos, wenn möglich, und trotzdem nicht zu vergessen: viel Persönlichkeit, gute Skripte, tolle Thumbnails, gute Titel und natürlich all das, was in diesem Buch beschrieben ist.

Aber zu guter Letzt hat sich noch etwas geändert und das ist entscheidend für die Einnahmen eines Kanals. Inzwischen werden auch die Audiospuren von YouTube ausgewertet, sodass automatisch Untertitel erstellt werden, und diese Texte werden natürlich auch analysiert. Auch die daraus gewonnenen Erkenntnisse fließen natürlich in das Ranking des Videos ein, aber vor allem werden diese Daten dazu benutzt, die Werbefreundlichkeit eines Kanals zu beurteilen. Werden in den Texten zu viele Schimpfwörter oder andere Formulierungen, Inhalte usw. verwendet, die von YouTube als werbunfreundlich eingeschätzt werden, dann war es das. Das heißt, dass YouTube keine hochwertige Werbung mehr im Umfeld dieser Videos zeigt und die Werbeeinnahmen dramatisch sinken. Wir kennen Beispiele, bei denen die Einnahmen um 90 Prozent gesunken sind und wer gestern noch gut von YouTube leben konnte, geht heute kellnern. Diese Änderung des Algorithmus geht auf eine Beschwerde der Werbindustrie zurück. Auslöser war ein Werbespot für den Mercedes CLA, der vor Propaganda-Videos des Islamischen Staates lief. 200 Unternehmen zogen darauf ihre Werbung von YouTube zurück. YouTube reagierte und sperrte nicht werbefreundliche Inhalte aus. Wer also in Zukunft zu viel Trash zeigt, geht das Risiko ein, deutlich weniger zu verdienen als YouTuber mit hochwertigeren Inhalten.

14.5 Mit dem Erfolg leben

Stell dir vor, du hast Erfolg! Dann heißt es zunächst einmal: Genieße ihn! Wir wissen es von allen YouTubern: Die Begegnung mit Fans ist die schönste Bestätigung der unglaublich vielen Zeit und Arbeit, die man in sein Projekt gesteckt hat. Genieße es also, aber hebe nicht ab. Glaube nicht, dass du etwas Besonderes bist. Das ist ein absoluter Trugschluss! Du hast gute Arbeit geleistet, sonst hättest du nicht den Erfolg. Aber Erfolg hängt von so vielen Faktoren ab, dass du immer bescheiden bleiben solltest. Wenn du nämlich abhebst, hast du ein riesiges Problem: Der Kontakt zu deinen Zuschauern geht verloren. Du hältst dich für das Maß aller Dinge usw. Also immer schön auf dem Teppich bleiben! Ganz wichtig: Umgebe dich nicht mit Leuten, die dich toll finden! Behalte deinen alten Freundeskreis, in dem es natürlich auch Fans geben darf. Aber du brauchst ebenso Leute, die es nicht interessiert, was du machst, oder die das vielleicht sogar doof finden. Wenn du dagegen deine Freunde aus dem Kreis deiner Fans aussuchst, verlierst du schnell den Bodenkontakt und keiner weist dich zum Beispiel darauf hin, wenn du irgendetwas Uncooles, Langweiliges oder Peinliches gemacht hast. Werde also nicht arrogant, nur weil du etwas ganz toll machst, was in der Öffentlichkeit Wirkung zeigt. Auch ein Schreiner kann sein Handwerk besonders gut beherrschen, allerdings ist die Publikumswirkung nicht so groß. Daher gibt es auch nur wenige arrogante Schreiner ...

14.6 Fans managen

Je erfolgreicher du wirst, desto größer wird dein Zeitproblem. Wenn du schon viel Zeit mit der Produktion deiner Videos verbracht hast, brauchst du jetzt noch mehr Zeit, um mit den Fans und Nutzern in Kontakt zu bleiben. Noch einmal: Auch Hater sind Fans und tragen zu deinem Erfolg bei. Wäge hier genau ab, wie du mit ihnen umgehst.

Du musst dir also genau überlegen, wie du dir die Zeit dafür einteilst: Twitter, Fan-Treffen, Facebook und vieles mehr, all das musst du berücksichtigen. Du kannst ganz schnell so viel Zeit damit verbringen, dass du kein anderes Leben mehr hast und vor allem keine Videos mehr drehen kannst. Sami Slimani hat mir erzählt, dass er sich ein exaktes Zeitmanagement ausgearbeitet hat, damit er sich nicht verzettelt. Auf jeden Fall musst du dir Gedanken darüber machen und eine Entscheidung treffen.

14.7 Weiterbildung

Als wir dieses Buch zum ersten Mal veröffentlicht haben, gab es noch keine Literatur zum Thema YouTube in Deutschland, die sich intensiv mit YouTube beschäftigt hat. Inzwischen hat YouTube die Creator Academy ins Leben gerufen, mit der du dich noch weiter in die Materie vertiefen kannst.. Dort wird minutiös beschrieben, was man alles machen kann, um mit seinen Videos mehr Zuschauer zu erreichen. Wenn du dich also noch mehr mit den Möglichkeiten auf YouTube beschäftigen möchtest, solltest du irgendwann jeden Link der Creator Academy kennen. Es ist nämlich wie ein Lehrbuch aufgebaut und du kannst mit deinen Videos lernen, wie du sie verbesserst und was du alles tun kannst, um eine größere Reichweite zu erzielen.

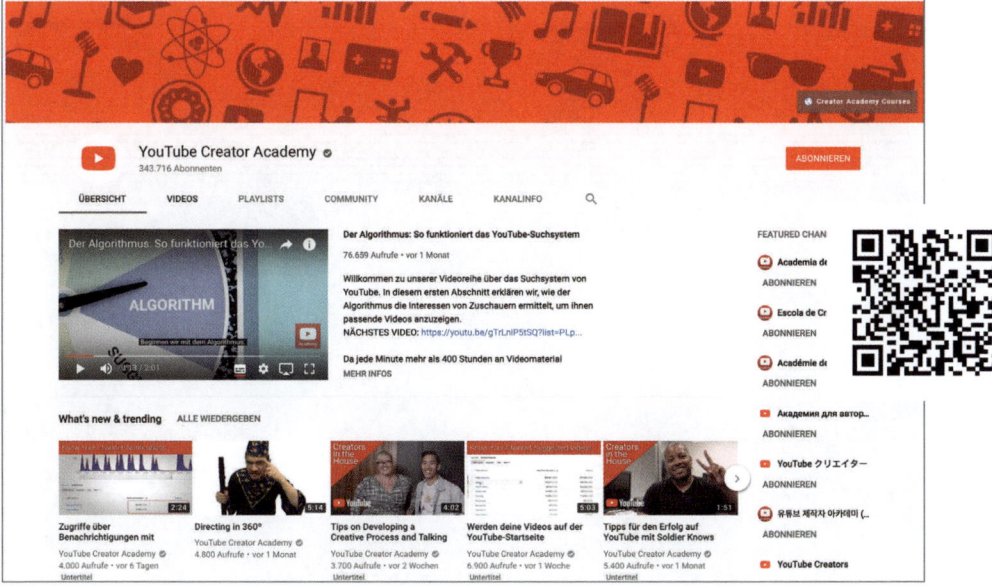

YouTube-Creator Academy– https://creatoracademy.youtube.com

Unser Videotipp

Warum es Linkshänder gibt — Doktor Allwissend

206.266 Aufrufe

👍 14.854   👎 338   ➜ TEILEN   ≡+   •••

Doktor Allwissend ✓
Veröffentlicht am 14.01.2017

440.000 ABONNIEREN

15 Die Zukunft von YouTube …

Es gibt zahlreiche »Baustellen«, an denen YouTube arbeitet und die sich dann manchmal über Nacht verändern. Das heißt, dass einige der Neuerungen, die hier noch als Zukunftsprojekte aufgeführt werden, schon Standard auf YouTube sind, wenn du dieses Buch liest. Andererseits können sie zu diesem Zeitpunkt auch schon verworfen und damit niemals Realität geworden sein.

Viele »Zukunftsprojekte« kannst du schon vorab ausprobieren. YouTube hat eine eigene »TestTube«-Seite eingerichtet, auf der die neuesten Entwicklungen vorgestellt werden. Sie lassen sich ganz einfach aktivieren. So kannst du das YouTube der Zukunft schon einmal ausprobieren und Kommentare dazu abgeben. Vielleicht fließen deine Ideen ja direkt in YouTube ein.

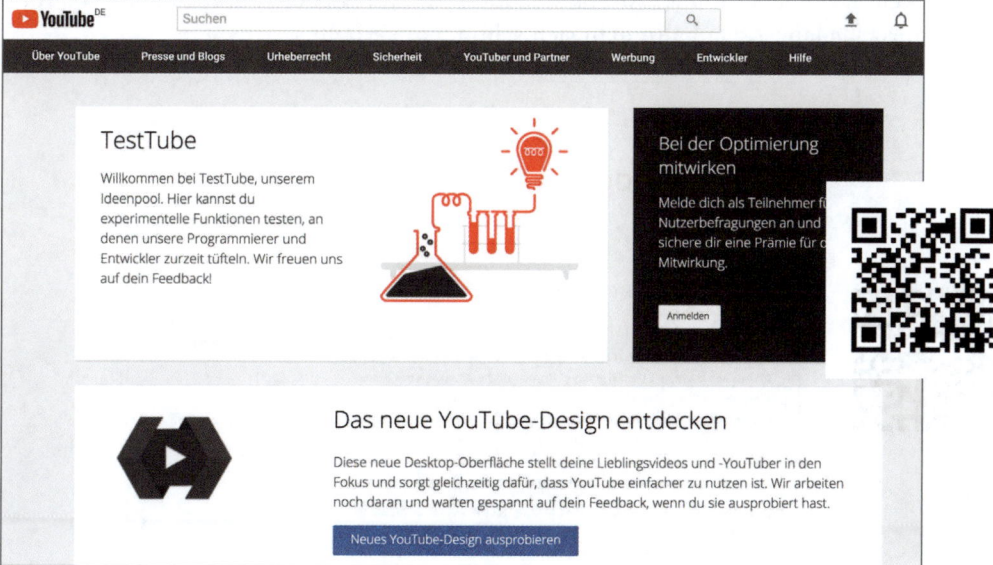

TestTube – https://www.youtube.com/testtube

Zahlreiche Veränderungen befinden sich aber noch in der Entwicklungsphase und sind noch nicht in Programmcode umgesetzt. Andere Veränderungen werden wiederum ohne Testphase direkt umgesetzt. Hier wird zum Beispiel mit 4K-Videos experimentiert, mit HDR oder mit höheren FPS-Raten.

Nach deiner Anmeldung dort kannst du Feedback an YouTube schicken und so an der Weiterentwicklung der Plattform mitwirken.

YouTube entwickelt ständig neue Möglichkeiten, wie Videos auf verschiedene Arten und über unterschiedliche Zugänge gefunden werden können. Ziel ist es, die Verweildauer auf dem Portal zu verlängern. Hier gibt es wohl noch ein riesiges Potenzial. YouTube hat nämlich festgestellt, dass Nutzer, die sich über zehnminütige Videos ansehen, drei- bis viermal länger auf YouTube bleiben.

15.1 YouTube-Blog

Bist du daran interessiert, was es so alles Neues auf YouTube gibt, dann solltest du ab und zu in den YouTube-Blog hineinschauen. Das sind quasi die aktuellen Nachrichten des Portals. Immer wenn es etwas zu vermelden gibt, steht es hier, denn hier bloggt das YouTube-Team. Dort erfährst du von den neuesten Aktionen und eben auch, wenn es Veränderungen oder Tests auf YouTube gibt. Denn nicht immer werden diese auf der TestTube-Seite aufgeführt. Und wenn du experimentierfreudig bist, dann probierst du es auch aus. Aber gehe diesen Schritt nur, wenn du auch bereit bist, eine Zeit lang YouTube ganz anders zu sehen als der Rest der Welt. Denn nicht immer ist dokumentiert, wie du wieder zum regulären YouTube zurückgelangst. Da kann man sich schon mal verlaufen.

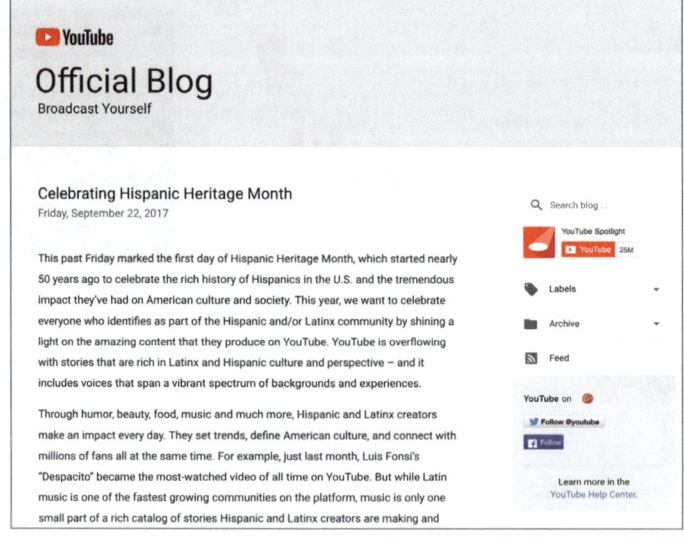

Der offizielle YouTube-Blog – https://youtube.googleblog.com/

15.2 YouTube Live

Als das »nächste große Ding« bei Webvideos gilt die Live-Übertragung. Auch YouTube möchte dabei mitmischen und hat im Herbst 2010 mit einigen US-Kanälen einen Alphatest durchgeführt, der auch funktionierte. Es ist inzwischen für jeden Kanal möglich, »live zu gehen«. Alles, was du dafür brauchst, ist eine Webcam. Wer es etwas aufwendiger mag, kann seine Streams auch mit einer Software für Livebildschnitt steuern. YouTube unterstützt einige kostenpflichtige Programme. Das einzige kostenlose Tool ist »OBS«. Damit kannst du mehrere Kameras in den Stream einbinden, eine Facecam einbauen, Bilder, Clips und so weiter …! Es kostet ein wenig Einarbeitungszeit, allerdings wird es so auch für den »normalen« User zu Hause möglich, professionelle Livestreams durchzuführen.

15.3 YouTube TV

YouTube goes TV! Das war mal eine Idee von Google, mit der hauseigenen Set-Top-Box für Internet-TV, will YouTube ins Wohnzimmer. Da das nicht mit der normalen Weboberfläche funktioniert, hat YouTube ein eigenes Interface für Fernseher entwickelt. Das Besondere daran: Es ist eine ganz normale Webseite, die du auch über den Browser erreichen kannst.

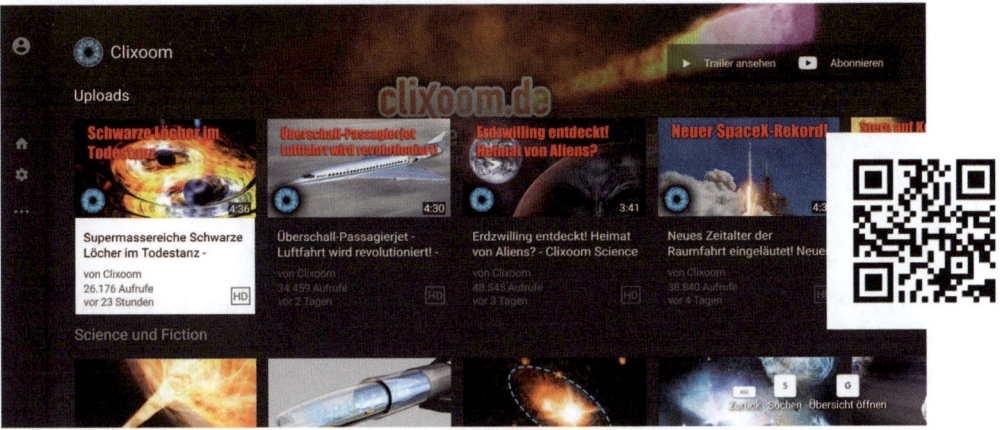

YouTube-TV – www.youtube.com/tv

Da die Seite für Fernseher geeignet ist, kannst du sie ganz einfach ohne Maus nur mit den Pfeiltasten deiner Tastatur steuern. Das macht eine Menge Spaß, auch deshalb, weil diese Seite so programmiert ist, dass die Videos deutlich schneller geladen werden als auf den normalen YouTube-Videoseiten. Da zappt man gerne einmal wie am Fernseher durch die Clips – ein ganz neues YouTube-Gefühl! Inzwischen gibt es zum Beispiel den Chromecast, der die Inhalte auf den Fernseher bringt. Außerdem ist es möglich, über Smart-TVs Inhalte auf das größere Format zu bringen, ebenfalls durch Konsolen wie der Playstation 4.

15.4 YouTube Trends

YouTube Trends ist der Blog von YouTube zu den weltweiten Suchtrends. YouTube analysiert ständig die populärsten Suchwörter und im Trends-Blog wird über Besonderheiten berichtet. Die jeweiligen Videos sind verlinkt.

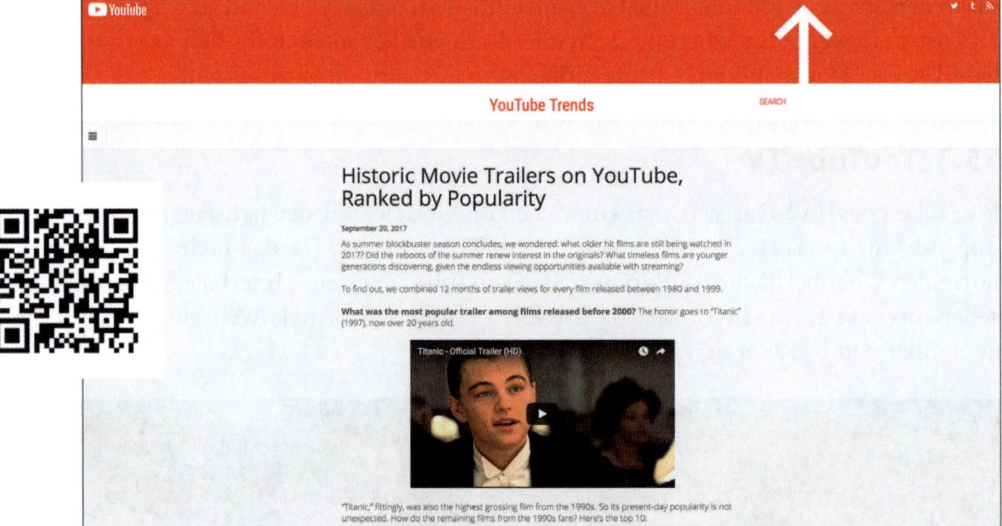

YouTube Trends-Blog – http://youtube-trends.blogspot.de/

15.5 Beliebt auf YouTube

In den YouTube-Charts siehst du die erfolgreichsten Musikkünstler auf YouTube. Es wird gezeigt, wie viele Views die Musikvideos in der Woche machen und wie viel Prozent Zu- oder Abnahme das im Vergleich zur Vorwoche ist. Im Blogbereich der Seite erfährst du alles über neue Musikvideos und News über Künstler. Natürlich kommst du sofort zu einem Musikvideo, wenn du es in der Chartübersicht anklickst.

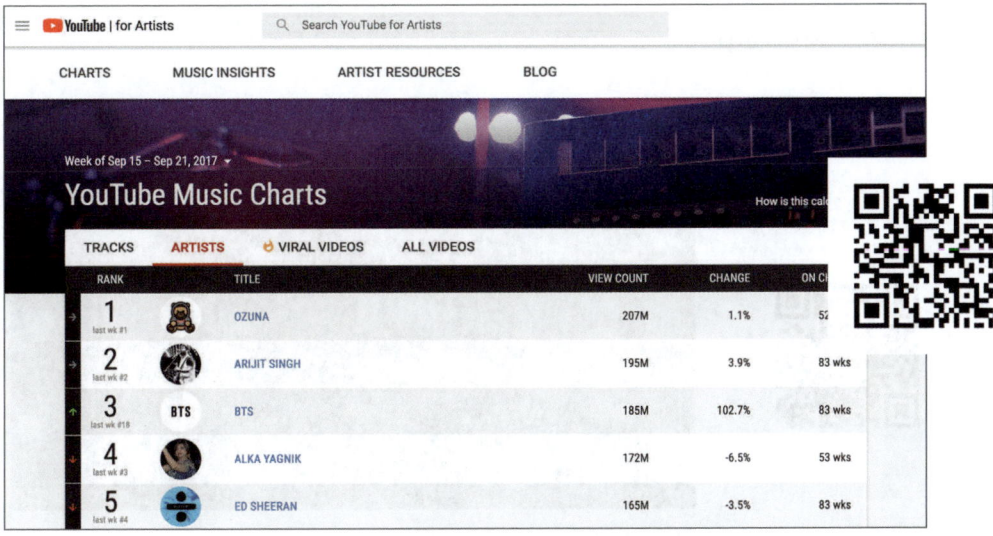

YouTube-Charts – www.youtube.com/charts

15.6 YouTube Red

Bisher ist das Angebot von YouTube kostenlos und finanziert sich durch Werbung. In den letzten Jahren wurden Streaminganbieter wie Netflix oder Amazon Prime immer beliebter. Bei diesen kann man sich gegen eine monatliche Gebühr professionell produzierte Serien und Filme anschauen. Die Plattformen sind inzwischen auch dazu übergegangen, eigene Produktionen auf den Weg zu bringen – und das sehr erfolgreich.

YouTube hat als Antwort darauf YouTube Red gestartet, das Angebot ist in den USA und einigen anderen Ländern schon auf dem Markt. Gegen einen monatlichen Betrag können Abonnenten exklusive Inhalte und werbefreie Videos schauen, die es auf der kostenfreien Plattform nicht gibt. Dazu hat YouTube sich mit einigen YouTubern zusammengetan, um diesen Content zu produzieren. Es gibt zum Beispiel Videos mit PewDiePie, CollegeHumor oder Screen Junkies. Filme und Serien, die YouTube so selbst produziert, laufen unter dem Namen »YouTube Red Originals«.

Auch deutsche YouTuber arbeiten derzeit an Content für die kostenpflichtige Variante. Allerdings ist YouTube Red derzeit noch nicht in Deutschland verfügbar.

Unser Videotipp

Eine Woche ohne Internet - Das Selbstexperiment

379.724 Aufrufe

 20.641   814   TEILEN   ...

tomatolix
Am 07.08.2017 veröffentlicht

ABONNIEREN 231.000

Die großen deutschen YouTube-Kanäle

LeFloid

LeFloid

LeFloid ist mit über 3.000.000 Abonnenten der erfolgreichste deutsche Nachrichtenkanal. Das Geheimnis seines Erfolges sind die provokant vorgetragenen News. Er begeistert eine ganze Generation wieder für mehr als nur Comedy und Unterhaltung. Mit seinem Videobeitrag Totgeprügelt und alle gucken zu ... gewann LeFloid 2013 den Deutschen Webvideopreis in der Kategorie VIP.

Andere erfolgreiche YouTuber, die Anfang bis Mitte zwanzig sind, haben ihre Berufsausbildung auf Eis gelegt. LeFloid dagegen studiert zwei Studiengänge gleichzeitig, Rehabilitationspädagogik und Psychologie. Außerdem arbeitet er während seines Studiums in der Schulpsychologie im Bereich von Anti-Cyber-mobbing.

YouTube ist für ihn ein Ausgleich zum Studium. So ernsthaft und strukturiert er das Studium angeht und mit den Jugendlichen in Problemsituationen arbeitet, so kann er bei seinen Videos alles fallen lassen und sich austoben. LeFloid würde nach seinem Studium am liebsten seinen Beruf mit YouTube verbinden. Im Bereich Medienpädagogik vielleicht, oder auch mal hinter der Kamera agieren und Skripte schreiben und andere bei YouTube erfolgreich auf die Bahn bringen.

In seinen Videos mischt sich LeFloid gerne ein und bezieht Stellung. Unterdrückung von Minderheiten zum Beispiel, da kann er richtig in Fahrt kommen und anprangern, was ihm gegen den Strich geht.

Schon als Jugendlicher war er ein Hitzkopf, der bis zum Abi vier Schulen verschlissen hat. Vielleicht ist YouTube auch eine Art Therapie für ihn, denn nicht nur seine Freunde bestätigen, dass er im Privatleben ruhiger geworden ist, nicht mehr so hitzig und nervös ist und besser mit Kritik umgehen kann, meint er.

LeFloid bezeichnet sich selbst als unfassbar glücklichen Menschen. YouTube bietet ihm die Möglichkeit, sich auszuleben, rumzuspinnen und auch mal Scheiße zu bauen. Als bisheriges Highlight seiner YouTuber-Karriere kann man ein Interview mit Bundeskanzlerin Angela Merkel betrachten. Das machte ihn über die YouTube-Community hinaus auch bei Leuten bekannt, die ansonsten nicht viel mit der Plattform anfangen können.

LeFloid hat auch noch einen zweiten erfolgreichen Kanal: »DoktorFroid«. Zusammen mit Frodoapparat beschäftigt er sich dort in erster Linie mit Gaming.

Unser Videotipp

Das Interview mit Angela Merkel - #NetzFragtMerkel

5.544.086 Aufrufe

 254.909 19.008 → TEILEN ≡₊ ···

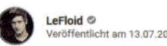 LeFloid ✓
Veröffentlicht am 13.07.2015

3,1 MIO. ABONNIEREN

16 YouTube – Fluch oder Segen?

Als YouTube 2005 an den Start ging, haben wahrscheinlich nicht einmal die Gründer geahnt, dass YouTube das Synonym für Webvideos werden würde. Videos konnte man schon länger ins Netz stellen und niemand hatte bis dahin eine spezielle Videoseite vermisst. Außerdem glaubte niemand an den Erfolg eines Videoportals. Vor allem waren die Serverkosten viel zu teuer. So etwas konnte sich einfach nicht rechnen. Und es gab die Rechteproblematik: Was passiert, wenn jemand Videos hochlädt, an denen er gar keine Rechte hat – Fernsehsendungen oder Musikvideos zum Beispiel? Inzwischen hat YouTube jedoch die Gesetze für Online-TV neu geschrieben. Aufgrund der Übernahme durch Google bekam YouTube Zugriff auf die beste und preiswerteste Servertechnologie. Die Kosten sanken und die Einnahmen durch Werbung stiegen. Inzwischen dürfte YouTube keine roten Zahlen mehr schreiben.

Was aber alle bei YouTube unterschätzt hatten, war die Leichtigkeit, mit der es ab 2005 möglich wurde, Videos online zu stellen und sie überall im Internet einzubinden. Das war anfangs sowohl Fluch als auch Segen des Portals, denn zunächst wurde es mit *User Generated Content* (englisch für »vom Benutzer erzeugte Inhalte«) von zuweilen zweifelhafter Qualität überschwemmt. Das Portal wurde damit wichtig für die Netz-Community, weil unter den Millionen Videos immer wieder das ein oder andere Schätzchen zu entdecken war (und waren es auch nur Pleiten, Pech und Pannen). Aber gleichzeitig wurde das Portal auch absolut uninteressant für die Werbeindustrie. Noch heute denken Branchenfremde bei YouTube vor allem an Unfallvideos oder Ähnliches, was mittlerweile aber kaum noch eine Rolle spielt. Deshalb gab es einen Strategiewechsel bei YouTube. Zur Qualitätssteigerung wurde das Konzept der Partnerkanäle entwickelt. Besonders kreative User sollten an Werbeeinnahmen mitverdienen und sogar davon leben können. Mittlerweile kann jeder, der über 10.000 Aufrufe hat und sich an die Richtlinien von YouTube hält, zumindest theoretisch Geld mit seinen Videos verdienen. Ausgesprochen hochwertige Videos treten immer mehr in den Vordergrund und werden gezielt von YouTube beworben. So tritt auch der qualitativ nicht so anspruchsvolle User Generated Content immer mehr in den Hintergrund. Trotzdem verbinden immer noch viele mit YouTube trashige Videos. Gegen diesen schlechten Ruf muss YouTube weiterhin ankämpfen und vor allem die Werbeindustrie von der inzwischen deutlich gestiegenen Qualität der Videos überzeugen.

Fluch und Segen ist YouTube auch für die Videomacher. Zum ersten Mal haben sie mit diesem Portal die Möglichkeit, ein riesiges Publikum zu erreichen. YouTube ist eben nicht nur ein gigantischer Server, sondern auch Community und Suchmaschine. Damit bietet das Videoportal die mit Abstand besten Möglichkeiten, ein großes Publikum zu erreichen. Das schafft kein anderes Portal! Andererseits ist man damit aber auch diesem Monopol ausgeliefert. Was dort entschieden wird, ist Gesetz. Es gibt keinerlei Rechtsansprüche auf irgendetwas und wer einmal in Ungnade gefallen ist, für den wird es schwierig, sich zu verteidigen. Hinzu kommen die »geheimen« Algorithmen, mit denen die Videos auf dem Portal verteilt, also promotet werden. Keiner sagt dir, was es damit auf sich hat und warum welche Videos wann, wo und wie auftauchen. Mit der Zeit bekommst du zwar ein Gefühl dafür, aber genau weiß man es nie.

Eine grundsätzliche Frage stellt sich: Was ist YouTube? Ist YouTube eine technische Plattform, wie zum Beispiel der Kabelanschluss oder die Astra-Satelliten-Gruppe? Oder ist YouTube ein Sender? Oder beides? Manchmal sind wir uns nicht sicher, ob die YouTube-Manager es selbst wissen. Zum einen arbeiten sie fleißig an der Weiterentwicklung des Portals. Zum anderen aber gibt es Bugs, von denen die Kanalmanager nichts wissen und bei denen es Tage dauert, bis sie behoben sind. Einerseits überlegen die Verantwortlichen ständig, wie sie das Portal für die Nutzer verbessern können, haben aber anscheinend zu wenige Leute, um die zahlreichen Projekte umsetzen zu können.

Auf jeden Fall gibt es niemanden im Internet, der sich besser mit Online-Video auskennt. Niemand hat mehr Erfahrungen damit, was die Nutzer interessiert. Niemand hat mehr Zuschauer als YouTube. Das macht das Portal trotz aller Konkurrenz zum Beherrscher des stärksten Mediums im Internet, dem Bewegtbild. Denn das ist nicht zu unterschätzen: Video wird im Internet verstärkt zum Leitmedium. Der Traffic auf YouTube steigt unaufhörlich.

Die großen Deutschen YouTube-Kanäle

BibisBeautyPalace

Bibi und Julienco

Als das YouTube-Buch in der Erstauflage erschien, da gab es den Kanal von Bibi noch gar nicht. Sie war Schülerin eines Gymnasiums in Köln-Porz und dachte wahrscheinlich noch nicht mal an YouTube. Aber dann hat sie Ende 2012 ihren

Kanal gegründet und alles richtig gemacht. Bibi hat alles berücksichtigt, was wichtig ist, wenn du Spaß und Erfolg auf YouTube haben willst. Sie hat genau beobachtet, welches die erfolgreichen Formate sind, konsequent Hauls, Favoriten, Roomtouren, Challenges gedreht oder mit anderen YouTubern zusammengearbeitet. Durch ihr Durchhaltevermögen, ihre Leidenschaft und alles andere, was wichtig ist, um erfolgreich zu sein, ist sie zur erfolgreichsten YouTuberin Deutschlands geworden. Mit bis zu 90 Millionen Views im Monat lässt sie so manche Fernsehsendung hinter sich. Nicht zu vergessen ist ihr Freund Julienco, der mit seinem Kanal auch noch bis zu 40 Millionen Views im Monat erreicht. Zusammen sind sie inzwischen eine wichtige Medienmarke in Deutschland. BibisBeautyPalace ist auch der erste YouTube-Kanal, der eine eigene Produktlinie auf den Markt gebracht hat, die sensationelle Verkaufserfolge feiert. Mit Bilou hat sie eine Marke kreiert, deren Produkte im wahrsten Sinne des Wortes aus den Regalen gerissen werden. Bei der Premiere waren die Duschschäume innerhalb von Stunden ausverkauft. Bibi und Julian haben die Latte für den Erfolg auf YouTube deutlich höher gelegt. Vor ihrem Erfolg hätte niemand diese Reichweiten für möglich gehalten.

Unser Videotipp

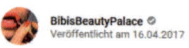

Ich PRANKE Julian beim Schlafen 😊 (Künstliche Fingernägel aufkleben) | BibisBeautyPalace

2.673.631 Aufrufe

194.551   9.512   TEILEN

BibisBeautyPalace ✓
Veröffentlicht am 16.04.2017

4,5 MIO. ABONNIEREN

Glossar

4K 4K ist ein hochauflösendes digitales Videoformat mit etwa viermal soviel Pixeln wie HD.

AdSense Über AdSense erhältst du als YouTube-Partner alle Einnahmen aus dem AdWords-Programm, über das Keyword-bezogene Werbung auf YouTube gezeigt wird.

AdWords Mit AdWords kannst du selbst Werbung auf YouTube und im ganzen YouTube-Netzwerk schalten.

Algorithmus Ein Programm oder der Teil eines Programms, das auf YouTube z.B. die Suchergebnisse nach bestimmten Kriterien auswählt.

Artefakte Bildfehler in einem digitalen Bild, die beispielsweise durch eine starke Bildkomprimierung entstehen können, wie Farbverfälschungen, Säume oder Unschärfe (siehe auch Seite 109).

Banner Werbegrafiken oder -animationen, die zeitweise oder dauerhaft irgendwo auf einer Webseite erscheinen.

Bilddiagonale Gebräuchliche Messgröße bei Bildsensoren, die oft in Zoll (englisch *Inch*) angegeben wird. Ein 2/3-Zoll-CCD-Chip beispielsweise ist ein Bildsensor mit einer Bilddiagonale von 2/3 Zoll.

Blog Eine Art Tagebuch im Internet, in dem persönliche Erlebnisse oder Meinungen veröffentlicht werden, oft zu einem bestimmten Themenschwerpunkt.

Bokeh Eigenschaft der unscharfen Bereiche eines Bildes. Besonders bei digitalen Spiegelreflexkameras, mit denen auch gefilmt werden kann, wird die Ästhetik dieses Bildbereichs diskutiert, da die Qualität der Unschärfekreise eine wichtige Rolle spielt.

Bot Ein Computerprogramm, das im Web Aufgaben übernimmt, die normalerweise von Menschen erledigt werden, wodurch diese Aufgaben viel effektiver abgearbeitet werden können.

CAPTCHA Verzerrte Buchstaben oder Zahlen, die du abtippen musst, um dich z. B. auf einer Internetseite anzumelden. Sie sollen verhindern, dass sich Bots anmelden.

CCD-Sensor Elektronisches Bauelement, das Bilder erfasst und dann zeitversetzt an die Bildverarbeitung der Kamera liefert. Sensor zur digitalen Bilderfassung, dessen Halbleiterelemente im sog. Eimerketten-Verfahren ausgelesen werden (siehe auch Seite 53).

Chat Eine geschriebene Unterhaltung im Internet. In Echtzeit werden Meldungen, Ansichten, Fragen usw. getippt und von anderen Nutzern wird darauf reagiert.

CMOS-Sensor Sensor zur digitalen Bilderfassung, dessen Halbleiterelemente alle auf einmal ausgelesen werden (siehe auch Seite 53).

Codec Verfahren, um ein Video zu kodieren/komprimieren und wieder zu dekodieren/dekomprimieren (siehe auch Seite 108).

Dekomprimierung Rückwandlung von komprimierten Dateien in ihren Ursprungszustand. Meistens ist das allerdings nicht ohne Qualitätsverluste möglich.

DSLR-Kameras Spiegelreflexkameras mit digitalem Sensor. Eine DSLR-Kamera mit Videofunktion wird auch VDSLR oder Video-DSLR genannt.

EVIL-Kameras Eine Abkürzung für »Electronic Viewfinder, Interchangeable Lens«, mit der Kameras mit elektronischem Sucher (statt Spiegelreflexsucher) und der Möglichkeit, die Optik zu wechseln, bezeichnet werden.

Filesharing Weitergabe von Dateien über das Internet

Full HD Höchste HD-Auflösung von 1920 × 1080 Pixel (siehe auch *HD*)

GEMA Gesellschaft für musikalische Aufführungs- und mechanische Vervielfältigungsrechte. Sie verwertet die Urheberrechte ihrer Mitglieder.

Hangout Eine Videokonferenz bei Google+ mit maximal zehn Teilnehmern

Hater Person, die Spaß daran hat, im Internet meist anonym andere Leute zu beschimpfen oder zu beleidigen.

HD Abkürzung für High Definition, englisch für »hohe Bildauflösung« (siehe auch Seite 61).

HDTV HD-Fernsehen mit besonders hoher Bildauflösung

Hotspot Öffentlicher kabelloser Internetzugang

Instagram Smartphone-App, mit der Fotos und kurze Videos erstellt, verfremdet und geteilt werden können.

Interlaced Das Fernsehbild wird bei PAL, NTSC und wahlweise auch HDTV zeilenweise übertragen. Um das Flimmern bei Röhrenfernsehern zu vermeiden, wird das Fernsehbild bei der Bildübertragung in zwei Halbbildern übertragen. Das erste Halbbild besteht dabei aus allen ungeraden Zeilen, also 1, 3, 5, 7, 9 usw., und das zweite Halbbild aus allen geraden Zeilen, also 2, 4, 6, 8 usw. Da die Bildröhre nachleuchtet, ergibt sich dadurch ein sehr weicher Bewegungsablauf. Auf Englisch wird dieses Verfahren *Interlaced* genannt, da die Zeilen ineinander verschachtelt sind. Im Deutschen spricht man von *Zeilensprungverfahren*.

Interpolation Verfahren, um fehlende Inhalte zu berechnen. Möchte ich z. B. die fehlenden Zahlen in der Reihe 2, 4, 6, 8 berechnen, wird bei der Interpolation eine Formel entwickelt, die dann 3, 5 und 7 zum Ergebnis hat. Ähnlich wird bei Bildern vorgegangen, um z. B. Zusatzbilder bei 100-Hertz-Fernsehern zu berechnen oder fehlende Zeilen, wenn statt eines Halbbildes ein Vollbild gezeigt werden soll.

IP-Adresse Im Internet hat jeder Zugang (Router, Modem) bzw. jeder Computer eine eigene Adresse, die z. B. folgendermaßen aussieht: 130.94.122.195. Daran ist er eindeutig zu erkennen. Auch im Heim- oder Büronetzwerk gibt es diese Adressen, wobei du sie hier selbst vergeben kannst.

JPEG-Format Format für die Bildkomprimierung, um die Datenmenge zu reduzieren.

Kodierung Verfahren, um digitale Daten möglichst verlustfrei zu verkleinern.

Kompression/Komprimierung Möglichst verlustfreie Verkleinerung einer Datei

Komprimierung/Kompression Möglichst verlustfreie Verkleinerung einer Datei

Midroll Werbung, die (zeitlich) in der Mitte eines Videos läuft.

Moiré Optisches Phänomen, das aufgrund von Interferenzen zwischen einem gerasterten Muster und der Auflösung des Sensors oder des Videoformats entsteht. Das Moiré wirkt wie ein sehr deutliches Muster über einem Bild.

MPEG-Format Dateiformat für die Komprimierung von Bewegtbildern, um die Datenmenge zu reduzieren.

NTSC In den USA und Teilen von Südamerika gebräuchliche Fernsehnorm

PAL In Europa gebräuchliche Fernsehnorm

Pixel   Kleinster Bildpunkt in einer Rastergrafik

Popout-Button   Mit dieser Taste kann ein Teil einer Internetseite, z.B. ein Video-fenster, als separates Fenster geöffnet werden.

posten   Ein Video ins Internet stellen

Postroll   Werbung, die nach einem Video läuft

Preroll   Werbespot, der vor einem Video läuft

P2-Karte   Spezieller Speicherkartentyp von Panasonic für die Datenaufzeich-nung von Videokameras

QR-Code   Zweidimensionaler grafischer Code, der mithilfe einer Kamera auf-genommen und von einer Lesesoftware erfasst und entschlüsselt wird. So kann man z. B. direkt auf eine Webseite gelangen, ohne umständlich die URL abtippen zu müssen. Besonders für Handys gibt es dafür ein umfangreiches Softwareangebot.

Rectangles   Werbung, die auf der Videoseite und auf deiner Kanalseite auf-taucht.

Rolling Shutter   Bildverarbeitungsfehler beim CMOS-Chip, der bei einem sich durchs Bild bewegenden Motiv (oder bei einem Kameraschwenk) auftritt. So werden gerade Linien im Bild verzerrt wiedergegeben, weil das Sensorbild Zeile für Zeile zeitversetzt ausgelesen wird.

SxS-Karte   Speichermedium mit digitalem Speicherchip von Sony und SanDisk

SDHC-Karte   Besonders schnelle SD-Karte für große Datenströme zum Bei-spiel von Videokameras

SD-Karte   Digitale Speicherkarte, zum Beispiel für die Daten von Fotoapparaten

Sensor   Lichtempfindliche Fläche in der Kamera, auf die das Bild trifft, das dann in digitale Signale gewandelt wird.

SEO   Search Engine Optimization, englisch für *Suchmaschinenoptimierung*. Hierbei werden Inhalte mit Schlagwörtern, Links, Texten usw. versehen, so-dass sie auf den Ergebnisseiten von Suchmaschinen wie Google, Bing oder YouTube ganz oben landen.

Social Media   Austausch im Internet durch soziale Netzwerke wie Facebook, MySpace, schülerVZ etc.

Spambots   Programme, die das Internet nach E-Mail-Adressen oder Blogs durchsuchen, um diesen ungefragt Werbung (Spam) zuzuschicken (siehe auch Seite 139).

streamen Videos können ohne vorherigen Download während der Zwischen-speicherung bereits angeschaut werden. So streamt YouTube z. B. seine Videos. Auch bei Live-Videos im Netz ist das grundsätzlich der Fall.

Tag Schlagwort, das einen Internetinhalt genauer bezeichnet und bei einer Online-Suche nach diesem Schlagwort dafür sorgt, dass der entsprechende Inhalt auch gefunden wird.

Thumbnail Miniaturbild, das als Vorschau für ein Video dient.

Timeline Fortschrittsbalken, der die aktuelle Position des Videos im Gesamtverlauf anzeigt.

Twitter Öffentliches Kurztagebuch im Internet

Video-DSLR oder VDSLR Digitale Spiegelreflexkamera (DSLR), mit der auch Videos gedreht werden können.

Viral Inhalt im Internet, der sich wie ein Virus sehr schnell verbreitet. Oft sind das witzige Videos.

Vlog Das Wort ist aus den Wörtern Video und Blog entstanden. Leute erzählen per Video im Internet aus ihrem Leben.

Webprotokoll Speichert den Verlauf der von dir aufgerufenen Webseiten im Internet.

Index

Julian Breuer

GoPro!

Mit Spaß und System zum
spektakulären GoPro-Video

Aktualisiert für HERO4 und HERO5

2. Auflage 2017,
290 Seiten,
komplett in Farbe, Broschur
€ 22,90 (D)

ISBN
Print   978-3-86490-367-0
PDF   978-3-96088-154-4
ePub   978-3-96088-155-1
mobi   978-3-96088-156-8

Die zweite Auflage von »GoPro!: Mit Spaß
und System zum spektakulären GoPro-
Video« ist nicht einfach eine Bedienungsan-
leitung zur GoPro-Kamera. Vielmehr ist das
Buch ein Begleiter auf dem Weg zum perfek-
ten Action Cam Video. Es zeigt die Techniken
und Tricks, mit denen man zum perfekt
gefilmten und geschnittenen Video kommt.
Somit erspart GoPro! unzählige Stunden des
Rumprobierens und Testens.

Diese Neuauflage des Bestsellers behandelt die aktuellen GoPro-Modelle und
Softwaretools.

Im ersten Teil werden zunächst die Kameras
und ihre Einstellmöglichkeiten detailliert
vorgestellt. Der Schwerpunkt liegt dann
auf dem »Shooting« selbst, sowohl was die
Auswahl der Szenen als auch die Aufnahme-
techniken angeht.

Im letzten Teil wird dann Schritt-für-Schritt
gezeigt, wie ein Action Cam Video aus seinen
Einzelteilen, also verschiedenen Sequenzen
zusammengefügt wird.

Zur ersten Auflage:
*»Julian Breuer erklärt in lockerer
Schreibe, dennoch sehr genau und
wirklich so gut wie alles, was man
als GoPro-Actionfilmer wissen muss,
wenn man zu seinem Wunsch-Video
kommen will — von der Planung und
Vorbereitung der Dreharbeiten, dem
Verständnis der Kamera und dem
Filmen bis zur Nachbereitung mit dem
Programm Magix Video deluxe. Mit
viel Bildmaterial und den Buchtext
ergänzenden Download-Links. Eine
ausgesprochen hilfreiche Anleitung.
Empfehlenswert.«*

Naturfoto 01/15

dpunkt.verlag
www.dpunkt.de

Corinna Gissemann

Food-Fotografie

Leckere Bildrezepte für Einsteiger

1. Auflage 2016,
240 Seiten,
komplett in Farbe, Broschur
€ 29,90 (D)

ISBN:
Print   978-3-86490-278-9
PDF   978-3-86491-794-3
ePub   978-3-86491-795-0
mobi   978-3-86491-796-7

Ihre Food-Fotos sollen hungrig machen! Lernen Sie von der Food-Fotografin Corinna Gissemann, wie Sie Ihre Küchenkreationen so gekonnt in Szene setzen, dass Sie mit Ihren Bildern alle Sinne ansprechen. Alles, was Sie neben diesem Buch und Ihrer Kamera dafür brauchen, sind ein bisschen Zubehör, schöne Requisiten und gutes Licht.

Am Anfang steht etwas fotografisches Grundlagenprogramm: Sie lernen, was Sie über Ihre Kamera und über die richtige Belichtung, Komposition und Ausleuchtung Ihres Motivs wissen müssen. Anschließend stellt Ihnen Corinna Gissemann Requisiten und Hilfsmittel vor und gibt Inspiration und Anleitung für das optimale Food-Styling.

Wie Sie das Gelernte dann in der Praxis einsetzen, lernen Sie in fünf Food-Fotoprojekten, in denen die Autorin ein mehrgängiges Menü fotografisch in Szene setzt: Salat, Suppe, Hauptspeise, Dessert und

Getränk. Dabei verrät sie Ihnen viele Tipps & Tricks – angefangen bei den richtigen Hilfsmitteln über den Eigenbau von Requisiten bis zur Entwicklung Ihres eigenen Stils.

»Hier gibt es eine lehrreiche Einführung in die Foodfotografie – logisch strukturiert und gefüllt mit zahlreichen Anwendungsbeispielen.«
Fotoeasy 2/2016

»Corinna Gissemanns Praxisbuch bietet nicht nur Einsteigern reichlich Zutaten zur ›Food Fotografie‹. Im Ratgeber finden sich zahlreiche Bild- und Setaufbau-Beispiele, die es lohnt, nachzumachen.«
CanonFoto 2/2016

dpunkt.verlag
www.dpunkt.de

Rezensieren
Sie dieses Buch

Senden
Sie uns Ihre Rezension
unter **www.dpunkt.de/rez**

Erhalten
Sie Ihr Wunschbuch aus
unserem Verlagsangebot